Best of THAILAND

66 Highlights

Bilder von
Christian Heeb

Texte von
Walter M. Weiss

Stürtz

Den Regisseuren von James Bond-Filmen kann man ein Gespür für spektakuläre Kulissen wahrlich nicht absprechen: Die Phang-Nga-Bucht mit jenem charakteristischen Felsfinger, der in einigen Szenen des Streifens „Der Mann mit dem goldenen Colt“ eine Schlüsselrolle spielt, ist ein Blickfang erster Güte.

Best of THAILAND 66 Highlights

Erste Seite: *Der Glanz des königlichen Thailand und seiner Geschichte spiegelt sich exemplarisch in den erhabenen Tempelbauten wider. Wat Phra Si Sanphet, der „Königstempel“, hier im Bild nach Sonnenuntergang, gilt als schönster und auch spirituell bedeutsamster Sakralbau der alten Königsstadt Ayutthaya.*

Die im Norden der Zentralebene gelegene alte Hauptstadt Sukhothai stellt für Kulturinteressierte einen der absoluten Höhepunkte jeder Rundreise dar. Beim Bummel über das rund 600 Jahre alte Ruinengelände stößt man ständig auf spannende Architekturdetails wie etwa auf diese 24 Elefanten am Chedi von Wat Sorasak.

Thailand zählt zwar – noch – nicht zu den großen Kaffeenationen dieser Welt. Aber mit mehr als 80 000 Tonnen Eigenproduktion belegen sie bereits Platz drei unter den Ländern Südostasiens. Und das stimulierende Gebräu findet, was diese Baristas eines Cafés aus Pattaya nur bestätigen können, auch bei Einheimischen immer mehr Anklang.

Diese Postkartenidylle heißt Maya Bay Resort und liegt auf einer Insel namens Ko Ngai. Wir befinden uns in einem aus rund 50 Eilanden bestehenden, vom Massentourismus noch vergleichsweise wenig berührten Archipel in der Andamanensee vor der Küste der südthailändischen Provinz Trang.

Spektakulär ist der Blick über Bangkok von der Dachterrasse des Banyan Tree Hotel.

THAILAND – KÖNIGREICH ZWISCHEN TRADITION UND BOOM

Ist von Thailand die Rede, steigen wohl jedem kälte- und nebelgeplagten Europäer vor dem geistigen Auge zunächst Bilder von paradiesischen Tropenszenerien auf. Silbersandige Strände, gesäumt von sattgrünen Palmenhainen, mancherorts auch steilwandigen Karstkegeln; der Küste vorgelagert und von türkisem Wasser umspült: Korallenriffe und Eilande, so makellos, als hätten Hersteller von Ferienprospekten sie virtuell mittels Photoshop-Programm fabriziert. Kein Wunder, dass dieses Königreich, das mit 513 000 Quadratkilometern etwa eineinhalbmal die Fläche Deutschlands umfasst und rund 70 Millionen Einwohner zählt, von allen Staaten Südostasiens mit Abstand die meisten Auslandsgäste anlockt – plusminus zwanzig Millionen im Schnitt der letzten Jahre. Und kein Wunder auch, dass der Tourismus mittlerweile rund zehn Prozent zum Bruttoinlandsprodukt beiträgt und als Devisenbringer längst den Reis überholt hat, der noch vor zwei Generationen die Haupteinnahmequelle der Thais

An den Gestaden der Andamanensee. Die Umgebung des kleinen Fischerhafens Krabi zählt mit ihren wunderschönen Sandstränden, den Karstfelsen und kleinen Inseln zu den beliebtesten Urlaubszielen Thailands.

gutem Grund – man denke bloß an die unendliche Vielfalt an Früchten, Gemüsen, Gewürzen und Kräutern, dem meist fangfrischen Meeresgetier, ja überhaupt den verführerischen Aromen und oft ungemein kunstvoll gestalteten Speisenarrangements! – zu den reichsten kulinarischen Traditionen auf Erden zählen. Doch harrt auch eine immense Fülle kultureller Schätze der Erkundung. Zuvorderst zu nennen: die steinernen Relikte der vormaligen Hauptstädte Siams in Sukhothai und Ayutthaya. Aber auch Ruinenfelder wie jene in Si Satchanalai und Kamphaeng Phet, beide ebenfalls aus der Sukhothai-Zeit, sowie die architektonischen Hinterlassenschaften älterer Königreiche wie die der Mon in Lopburi oder der Khmer in Phimai und Khao Phra Viharn sind Fixpunkte auf jeder Besichtigungsreise. Unverzichtbar für jeden, der die Kulturnation Thailand in ihren vielfältigen Facetten einigermaßen kennen gelernt haben will, ist ein Besuch Chiang Mais, jener in malerisches Bergland gebetteten „Perle des Nordens", die vielen als schönste Stadt des Landes und auch als Mekka des thailändischen Kunsthandwerks gilt.

Um mit einem doppelten Superlativ zu enden, sei zuletzt auch Nakhon Pathom ins Rampenlicht gerückt: In dieser 70 Kilometer westlich von Bangkok gelegenen, bereits zur Zeit der Dvaravati-Könige vor 1400 Jahren florierenden Handelsstadt ragt mit dem Phra Pathom Chedi nicht nur der vermutlich älteste Stupa des Landes gen Himmel – sein Kern wurde angeblich bereits auf Geheiß Ashokas, des legendären indischen Königs und Förderers des Buddhismus, im 3. Jahrhundert vor Christus errichtet. Er ist außerdem, in der heutigen Form Anfang des 19. Jahrhunderts vollendet, mit seinen 127 Metern das höchste historische Bauwerk des buddhistischen Kulturraums überhaupt.

Die Höhle Tham Lod Yai im Nationalpark Chaloem-Rattanakosin, dem mit 59 Quadratkilometern kleinsten der rund 100 Nationalparks des Landes. Wie hier in der Provinz Kanchanaburi im Westen Zentralthailands nicht anders zu erwarten, besticht er durch eine üppige Dschungelvegetation.

Diese Postkartenidylle heißt Maya Bay und ist Teil des maritimen Nationalparks Hat-Noppharat-Thara und liegt auf der Insel Phi Phi Leh. Das auch für seine Schwalbennester bekannte Eiland ist unbewohnt, wird jedoch gerne von Tauchern und ruhebedürftigen Urlaubern auf Tagesausflügen angesteuert.

Der „schwimmende Markt“ von Damnoen Saduak liegt 100 Kilometer südwestlich von Bangkok in der Provinz Ratchaburi und ist eine viel besuchte Touristenattraktion. Es sind meist Frauen, die hier in dem Labyrinth schmaler Klongs, Kanäle, auf Paddelbooten aus Holz erntefrische Früchte, Gewürze und andere Lebensmittel feilbieten.

Der Königspalast, mit dessen Bau im ausgehenden 18. Jahrhundert begonnen wurde, diente einst den Königen von Siam als offizielle Residenz. Heute ist er Museum und Bangkoks Sehenswürdigkeit Nummer eins. Wat Phra Kaeo, die innerhalb seiner Mauern befindliche Heimstatt des Smaragd-Buddha, gilt als Thailands heiligster Tempel.

BANGKOK UND UMGEBUNG

Keine Frage, Thailands Metropole zählt eher nicht zu den Städten dieser Welt, in die sich Neuankömmlinge unweigerlich Hals über Kopf verlieben. Schon die Fahrt vom Suvarnabhumi International Airport, über den das Gros der Gäste anreist, offenbart einen Moloch. Das Häusermeer ist schier end- und ziemlich gesichtslos, die Luft zum Schneiden und der Verkehr mit dem Wort Tohuwabohu noch beschönigend beschrieben. Viele von Bangkoks Klongs, der traditionell als Transportwege und schwimmende Märkte genutzten Wasserstraßen, wurden im Laufe der Zeit zugeschüttet. Auf den so entstandenen Autobahnen stauen sich endlose Blechkarawanen. Die Skyline aus luxuriösen Shopping Malls, Wohn- und Bürotürmen liegt häufig in dichten Smog gehüllt. Und die diversen Finanzkrisen (1997, 2001, 2007) haben den urbanen Wildwuchs bloß zwischenzeitlich bremsen können.

EIN SINN FÜR TRADITION

Am Beispiel Bangkoks zeigt sich aber auch, wie beharrlich und hingebungsvoll die Thais solch äußeren Widrigkeiten zum Trotz ihr geistiges Erbe pflegen: Die „Stadt der Engel“ (Krung Thep), wie dieser alle Energien des Landes bündelnde Moloch in der Sprache der Einheimischen heißt, bietet in ihrem wuseligen, historischen Kern nicht nur jede Menge authentisches Flair in Gestalt unzähliger Lokale, Läden und Straßenmärkte. Sie birgt in ihrem Herzen mit dem großen Palastbezirk und dem Wat Phra Kaeo, dem Tempel des legendären Smaragdbuddha, auch ein Kul-

Impressionen aus Bangkok: Blick über den Chao Phraya zum Wat Arun, dem „Tempel der Morgenröte" (oben); Boote an der Mole des Inselchens Ko Kret; der Giebel der Buddhaisawan-Kapelle auf dem Gelände des Nationalmuseums; fröhlicher Umtrunk in der Moon Bar am Dach des Banyan Tree Hotel.

Ko Kret

Wat Buddhaisawan

Moon Bar/ Banyan Tree Hotel

turdenkmal von beispielloser Pracht und spiritueller Kraft. Goldene Chedis, Stupas, glänzende Thronhallen, Altäre, Wandfresken, Spaliere von Buddha-Statuen und mythologischen Figuren wohin man blickt ... alles reichlichst mit Gold und Edelsteinen, Perlmuttintarsien, Holzschnitzereien, Stukkaturen und Glasmosaiken verziert.

DAS BUDDHISTISCHE ERBE

Auch die übrige Innenstadt ist gespickt mit Wats, glänzenden Tempelklöstern, die den Gläubigen als Segenspender und auch Quellen zeitloser Anmut dienen. Nicht ohne Grund gilt den Thais neben der Monarchie der Buddhismus – genauer: Theravada, die Lehre in ihrer ursprünglichen Form – als zentrale Säule der nationalen Identität und seine Geringschätzung als unverzeihliches Sakrileg.

Wie bestimmend die Religion seit alters Leben und Kultur des Landes prägt, offenbart sich auch beim Rundgang durch die Ruinenstätten von Ayutthaya und Sukhothai. Beide Orte waren einst Residenzen der Könige von Siam, und beide versetzen Kunstliebhaber durch ihre Fülle von Palästen und mit Chedis und Prangs gespickten Tempelanlagen, die sich teilweise sorgsam renoviert, mehrheitlich aber in sehr unterschiedlichen Graden der Verwitterung und des Zerfalls präsentieren, in Entzücken.

1 Wat Phra Kaeo

Bangkok besitzt mehr als 400 buddhistische Heiligtümer. Das landesweit wichtigste und wohl auch meistbesuchte ist Wat Phra Kaeo, der Tempel des legendären Smaragd-Buddha. Er bildet das Zentrum eines Sakralbezirks, der, am rechten Ufer des Menam Chao Phraya gelegen und am Eingang von zwei chinesischen Dämonenfiguren bewacht, direkt nördlich an den Großen Palast anschließt.

Linkerhand stehen auf dem Gelände nebeneinander drei erlesene Bauwerke: der goldene Chedi Phra Sri Rattana, in dem sich angeblich eine Reliquie des Buddha befindet. Das benachbarte, mit Glasmosaiken dekorierte Gebäude, genannt Phra Mondhop, birgt in einem schwarzen Lackschrank das Tripitaka, den heiligen Pali-Kanon der buddhistischen Lehre. Im dritten Gebäude, dem Prasat Phra Debidorn, werden die lebensgroßen Statuen der ersten acht Herrscher der Chakri-Dynastie aufbewahrt.

Wat Phra Kaeo, der den dreien vis-à-vis gelegene Tempel, in dem übrigens, anders als in den allermeisten Wat, keine Mönche leben, gilt als Thailands Nationalheiligtum. Seine Fassade ist über und über mit vergoldeten Garudas, Nagas und anderen Schmuckfiguren übersät. Delikate Perlmuttintarsien zieren Türstürze und Fenster. Im Inneren der Kapelle, deren Wände mit Szenen aus dem Leben Buddhas und dem Ramakien kostbar bemalt sind, zieht der Smaragd-Buddha alle Blicke auf sich. Die gerade nur 75 Zentimeter hohe Figur, die auf einem pompösen Altar in einer Glasvitrine thront, ist in Wahrheit aus Jade gefertigt. Der Legende nach in Indien hergestellt, soll sie auf verschlungenem Weg über Sri Lanka, Angkor, Chiang Mai und Luang Prabang 1782, anlässlich der Gründung Bangkoks, an die Ufer des Chao Phraya verbracht worden sein. Ihre Kleidung wird dreimal jährlich im Rahmen einer feierlichen Zeremonie vom König höchstpersönlich gewechselt.

GPS: 13° 45' 6" N, 100° 29' 33" O
bangkokforvisitors.com/ratanakosin/grand-palace/emerald-buddha-temple

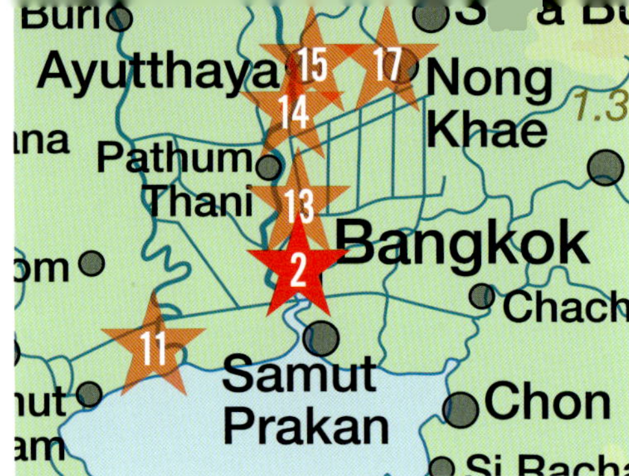

2 Königspalast

Der Königspalast, mit dessen Bau 1782 begonnen wurde, diente einst den Herrschern von Siam als offizielle Residenz. Heute ist er, nachdem die Königsfamilie längst im Chitralada-Palast in Dusit wohnt, Museum und wird nur noch für hohe Empfänge und Zeremonien genutzt.

Beherrschendes Gebäude des in etwa 220 000 Quadratmeter großen, ummauerten Areals (zu dem auch der Tempelbezirk Wat Phra Kaeo gehört) ist der – leider nicht öffentlich zugängliche – Große Chakri-Palast (Chakri Maha Prasad). Er wurde 1882 im Auftrag Rama V. nach Plänen eines britischen Architekten im Neo-Renaissance-Stil errichtet, allerdings durch ein typisch siamesisches Staffeldach bekrönt, und beherbergt heute unter anderem eine Waffen- und Gemäldesammlung sowie die Urnen aller Chakri-Könige. Der westlich angrenzende Pavillon (Dusit Maha Prasad), überaus anmutig über kreuzförmigem Grundriss errichtet und mit vierstufigen, rot-grün-glasierten Dächern versehen, stammt aus der Zeit Rama I. Seinen Audienzsaal kann man ebenso besichtigen wie den Vorderbereich der „Hohen Residenz“ (Mahamontien) mit jenem Amarindra Vinichai („Göttliche Entscheidung“) genannten Saal, in dem König Bhumibol am 5. Mai 1950 gekrönt wurde und hernach, bis zu seiner Erkrankung, häufig feierlichen Staatsempfängen vorsaß.

GPS: 13° 45' 0" N, 100° 29' 30" O
www.palaces.thai.net/vt/vtgp

3 **Nationalmuseum**

Das Nationalmuseum in Bangkok birgt eine der größten Sammlungen ganz Südostasiens und bietet Glanzstücke aus allen Stil-Epochen, von der Dvaravati-, Srivjayan- und Lopburi-Kunst bis zu jener aus den Zeiten, als die Könige in Chiang Mai (Lan Na), Sukhothai, Ayutthaya und Rattanakosin, der Keimzelle des heutigen Bangkok, residierten. Spezielle Beachtung lohnen allein schon die zwei zentralen Museumsgebäude: der im ausgehenden 18. Jahrhundert erbaute Wang-Na-Palast und der Tempel Wat Buddhaisawan. Letzterer birgt Fresken, die als exquisite Beispiele für die sogenannte Rattanakosin-Ära, die Regierungszeit Rama I. (1782–1809), gelten, sowie die sagenhafte, über 700 Jahre alte, aus Chiang Mai stammende Statue Phra Buddha Sihing. Den Grundstock der Sammlung bilden die Waffen, Musikinstrumente, Spiele, Keramiken, liturgischen und zeremoniellen Geräte aus der Stiftung König Chulalongkorns und dem Haushalt von Wa Na, dem einstigen „Büro" des siamesischen Vizekönigs. In weiteren historischen Gebäuden sind unter anderem eine Galerie für Thai-Geschichte, eine für königliche Barken und Insignien sowie Bestattungswagen untergebracht. Die angrenzenden moderneren Gebäude beherbergen vor allem Darstellungen des Buddha aus diversen Zeitabschnitten.

GPS: 13° 45' 29" N, 100° 29' 31" O

4 Stadtrundfahrt mit Rikscha und TukTuk

Personentransport auf Thailändisch: Auch wenn Bangkoks Verkehr längst von motorisierten Vierrädern beherrscht wird: TukTuks rattern immer noch vieltausendfach durch die Stadt. Auf Lungen und Ohren mögen sie in Summe schädlich wirken. Dafür sind sie schnell, preiswert und – bei dem feuchtwarmen Klima selbst spätnachts eine Wohltat – sehr luftig. Touristen stürzen sich gerne auch per Rikscha ins Getümmel. Diese Art der Fortbewegung ist entschieden umweltfreundlicher, wegen der schweißtreibenden Mühen des Fahrers freilich nicht jedermanns Sache.

GPS: 13° 45' N, 100° 30' O

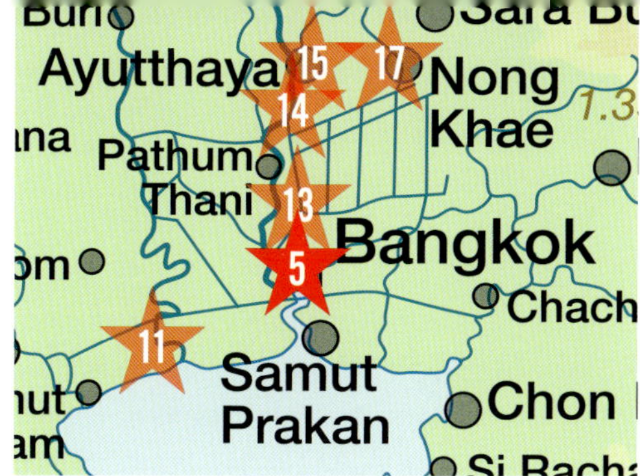

5 Chinatown

Bangkoks chinesisches Herz schlägt, seit es im Zuge der Transferierung der Residenz Rama I. von Thonburi ans Ostufer (1782) ein Stück weit flussabwärts, an seinen heutigen Platz, verpflanzt wurde, im Gebiet um die Yaowarat Road und Sampeng Lane. Als ehemaliges Finanzzentrum der Stadt birst es geradezu von Umtriebigkeit, ist laut und hektisch, zugleich äußerst authentisch und vital. Ein charakteristischer Anblick sind die Garküchen, in denen Männer in Unterhemden ihre Nudelsuppen schlürfen und sich beim Mahjong-Spiel die Zeit vertreiben. Ebenfalls typisch: die historischen Wohn- und Geschäftshäuser aus Holz, wie sie, etwa in der Songwat Road, seit weit über hundert Jahren schon die Kulisse bilden. Am tiefsten ins Gedächtnis gräbt sich bei einem Besuch von Chinatown wohl das merkantile Getriebe. Läden, Werkstätten, zu Lagern umfunktionierte Hinterhöfe ... Kaum ein Gewerbe, von der Sargzimmerei bis zur Hühnerzucht, von der Goldschmiede bis zur Kerzenmanufaktur, dem man während eines Bummels etwa vom Ratchawong-Pier durch die Soi Isara Nuphap und weiter durch die Yaowarat Road nicht begegnete. Den Menschen vom Trottoir aus bei ihrer Arbeit zuzusehen, ist unterhaltsamer als jeder Film.

Brennpunkte des Handels und der sozialen Interaktion sind die Märkte, von denen es im Chinesenviertel – wo übrigens mittlerweile auch viele Inder leben – etliche gibt. Ein besuchenswertes Beispiel ist der Kao-Markt, auf dem bereits seit dem späten 18. Jahrhundert Lebensmittel feilgeboten werden. Faszinierend ist auch ein Abstecher in einen der vielen Schreine, allen voran Wat Traimit, in denen sich – eine wohltuende Absage an religiöses Exklusivitätsdenken – Elemente aus Taoismus, Animismus, Konfuzianismus und Mahayana-Buddhismus bunt zusammengewürfelt in trauter Eintracht finden.

i GPS: 13° 44' 28" N, 100° 30' 30" O
www.bangkok.com/chinatown

6 Fluss Chao Phraya mit Wat Arun

Er ist das Wahrzeichen der thailändischen Hauptstadt schlechthin: der „Tempel der Morgenröte“ (Arun heißt der indische Gott derselben). Mit gutem Grund ziert er die Zehn-Baht-Münze und dient dem Thailändischen Fremdenverkehrsamt als Logo. Es heißt, General Taksin habe, als er im Herbst des Jahres 1767 aus dem zerstörten Ayutthaya kommend Thonburi zur neuen Hauptstadt erklärte, den hier am westlichen Flussufer bereits existierenden kleinen Wat zur Palastkapelle ausbauen lassen. Ihre heutigen Ausmaße – der Sockelumfang beträgt genau 234 Meter – erhielt die Anlage unter Rama II. und III., den originellen Außendekor aus Porzellanstücken erst im späten 19. Jahrhundert.

Wat Arun spiegelt, wie kein anderer Tempel in Bangkok, die hinduistisch-buddhistischen Grundprinzipien der Khmer-Architektur wider: Ein zentraler Prang, in diesem Fall gewaltige 79 Meter hoch, symbolisiert den mythischen Berg Meru. Seine steilen Stufen stellen die verschiedenen Welten des Kosmos, die vier kleineren Türme die Eckpunkte eines Mandala dar. Über die Zugänge zur Terrasse wachen chinesische Wächterfiguren. In den vielen Nischen der Türme stehen Statuen des Windgottes Nayu auf seinem Ross, aber auch Kinnari, Fabelwesen mit Vogelleibern und Menschenköpfen.

Schwindelfreie Besucher können den Hauptturm erklimmen. Der Lohn für das schweißtreibende Unterfangen ist ein beeindruckender Rundblick auf die Anlage sowie Fluss und Altstadt. Apropos: Unvergesslich ist der Anblick von Wat Arun, speziell zu Sonnenuntergang, vom gegenüberliegenden Ufer des Menam Chao Phraya aus (Bild rechts), an dessen Lauf sich auch weitere Highlights, wie der Große Buddha der Tempelanlagen auf der Flussinsel Ko Kret (Bilder unten), befinden.

GPS: 13° 44’ 38” N, 100° 29’ 19” O
www.bangkoksite.com/WatArun/WatArunPage.htm

7 Liegender Buddha in Wat Pho

In einer gegen Mitte des 19. Jahrhunderts im hinteren Bereich des Klostergeländes eigens errichteten Versammlungshalle (Viharn) ruht der legendäre „Liegende Buddha“ von Wat Pho. Die 45 Meter lange und 15 Meter hohe, aus Gips gefertigte Monumentalfigur ist zur Gänze mit Gold überzogen. Besonders bemerkenswert sind neben ihren graziösen Gesichtszügen die Perlmuttintarsien an den überdimensionalen Fußsohlen. Sie zeigen die 112 Lakshana, die geheiligten Haupt- und Nebenmerkmale des Buddha.

GPS: 13° 44’ 47” N, 100° 29’ 30” O

8 Wat Pho

Im Herzen von Bangkok liegt, direkt südlich an den Palastbezirk grenzend, die älteste und zugleich größte Tempelanlage der Stadt. Wat Pho, offiziell Wat Phra Chetuphon mit Namen, wurde im 16. Jahrhundert gegründet und in späterer Zeit immer wieder restauriert und erweitert. Das Areal, dessen verzweigte Höfe insgesamt 91 Chedis und Prangs (Stupas und Tempeltürme) zieren, wirkt um vieles volksnäher und lebendiger als der königliche Palast. Auf ihm leben gegenwärtig ungefähr 300 Mönche. Außerdem hat hier eine international renommierte Ausbildungsstätte für die Kunst der traditionellen Thai-Massage ihren Sitz. Unter König Rama III. wurde hier eine lange Zeit berühmte Apotheke und Heilstätte begründet. Auch Thailands erste öffentliche Universität, zu der alle Bürger ungeachtet von Herkunft und Stand Zutritt hatten, war hier zu Hause. Herzstück des Wat und sein heiligster Bezirk ist wie in jedem Kloster die Gebetshalle (Bot). Hier, zu Füßen des bronzenen, in Meditationshaltung dargestellten Buddha, und umrahmt von den kunstvollen Wandreliefs mit ihren Szenen des Ramakien, der Thai-Version des indischen Ramayana-Epos, pflegen die Mönche regelmäßig ihre Zeremonien abzuhalten.

GPS: 13° 44’ 48” N, 100° 29’ 36” O
www.watpho.com

9 Khao San Road

Märkte bilden bis heute ein unverzichtbares Element in Bangkoks Alltagsleben und Straßenbild. Viele sind auf bestimmte Warengruppen spezialisiert. Der Nakorn-Kasem-Markt in Chinatown, um nur einige wenige Beispiele zu nennen, bietet vorrangig Antiquitäten, Möbel und Keramik, der Khao-Markt zwischen Sampeng Lane und Yaowarat Road seit 200 Jahren schon traditionelle Kult- und Dekorgegenstände, der Silom-Markt im Bezirk Patpong hingegen billige Souvenirs und Imitate. Stoffe aus chinesischer Seide finden sich auf dem Bo-Be-Markt an der Ecke Krung Kasem und Lan Luang Road gestapelt, indische Gewürze auf dem Phahurat-Markt. Frische exotische Früchte und Gemüse bekommt man rund um die Uhr auf Bangkoks Großmarkt am Pak-Khlong. Und Hobbyphilatelisten finden jeden Sonntag vor der Hauptpost ihr Eldorado. Einen geradezu legendären Ruf genießt, insbesondere unter Rucksacktouristen, der Khao-San-Road-Market. Sein Gebiet ist zwar auf ein kleines Gässchen beschränkt. Umso anziehender wirkt sein Warensortiment. Es besteht, neben Rucksäcken, Wanderschuhen und anderen Reiseutensilien, aus einem bunten Sammelsurium aus Taschen, Kleidung, Schmuck, Accessoires, CDs, DVDs und Secondhand-Büchern.

GPS: 13° 45' 32" N, 100° 29' 50" O
www.khaosanroad.com

10 Erawan-Schrein in der Neustadt

In ganz Thailand gilt es als ungeschriebenes Gesetz, einem Gebäude ein sogenanntes Geisterhäuschen beizugesellen. Mit seiner Hilfe sollen die Dämonen, die durch den Bau möglicherweise gestört oder gar vertrieben wurden, besänftigt beziehungsweise zurückgeholt werden. Auch Hotels halten sich an diese Sitte. Als 1956 das heutige Grand Hyatt Erawan erbaut wurde, ereignete sich eine Reihe garstiger Unfälle. Als Akt der Beschwichtigung errichtete man zu Ehren des altindischen Regengottes Indra und seines Reitelefanten Erawan gleich nebenan einen Haustempel. Fortan passierte kein weiteres Unglück. Dafür strömten aus der ganzen Stadt immer mehr Verehrer herbei, um dem Schutzgott Gaben und Gebete darzubringen. Heute gilt der Erawan-Schrein in der Ratchadamri Road als meistbesuchtes Geisterhäuschen der Stadt. Selbst unter der betuchten Klientel der luxuriösen Shoppingmalls in der nahen Phloen Chit und Sukhumvit Road gilt ein Abstecher zu dem Tempelchen zwecks kurzem Gebet und Opfergeschenk als hilfreicher Brauch. Auf und vor seinem Altar türmen sich entsprechend viele Blumenkränze, Kerzen und andere Votivgaben. Tagsüber hält sich ein Ensemble von mehreren in traditionelle Kostüme gekleideten Tänzerinnen bereit, um, begleitet von mehreren Instrumentalisten, gegen Entgelt den Göttern zu Ehren ihre Tanzkünste zum Besten zu geben.

i GPS: 13° 44' 36" N, 100° 32' 26" O

11 Schwimmender Markt

Floating Markets, wie sie früher vor allem in Bangkok gang und gäbe waren und der Hauptstadt mit zu dem romantisierenden Beinamen „Venedig des Ostens“ verhalfen, sind so gut wie überall verschwunden. Während etwa in Vietnam die lokale Versorgung der Bevölkerung auf diesem Weg vielerorts noch gut funktioniert, haben in Thailand die Globalisierung der Warenwelt, die Verlagerung des Güterverkehrs auf die Straße und der steigende Komfortbedarf der Bevölkerung den Talat Nam, wie die „schwimmenden Märkte“ in der Landessprache heißen, den Todesstoß versetzt. Lediglich in Damnoen Saduak, einem Vorort von Ratchaburi rund 100 Kilometer westlich der Hauptstadt, hat sich noch ein Exemplar in seiner authentischen Form bis heute erhalten. Das bunte Treiben, das hier ab dem frühen Morgen zwischen den mit Obst und Gemüse, Fisch und Fleisch beladenen Booten herrscht, vermittelt eine Vorstellung davon, wie tumultuös und pittoresk es einst in den Klongs von Bangkok zuging. Die Existenz der zahlreichen Souveniranbieter lässt allerdings auch ahnen, dass die thailändische Tourismusbehörde am Überleben dieser mittlerweile einzigartigen Attraktion gehörigen Anteil hat.

GPS: 13° 31’ 7” N, 99° 57’ 31” O
www.klick-thailand.de/zentral-thailand/schwimmende-maerkte

Oben:
Hunger ist auf Thailands Märkten ein Fremdwort. Wie hier auf dem Floating Market Damnoen Saduak, biegen sich allüberall die Tische unter köstlichen Speisen.

Linke Spalte von oben nach unten:
Wie hier auf Ko Kret, einem vom Menam Chao Phraya umflossenen Inselchen, kann man fast überall im Land seinen kleinen Hunger an Straßenständen stillen.

Ein diätetischer Vorteil der Thai-Küche besteht darin, dass sie, im Gegensatz zur chinesischen, weitgehend auf die Verwendung von Fett verzichtet.

Thailand ist mit einem Boden und Klima von verschwenderischer Fruchtbarkeit gesegnet. Entsprechend üppig präsentiert sich, wie hier auf Ko Kret, das Angebot auf den Lebensmittelmärkten.

Ready to cook: Spießchen warten auf dem Warorot-Markt in Chiang Mai auf Käufer.

Rechte Spalte von oben nach unten:
Eines von Abertausenden Beispielen für gehobene Gastronomie à la Thai: das Restaurant Chaba Lagoon in der Provinzhauptstadt Chai Nat.

Schon beim Hors d'oeuvre – im Bild: ein Appetizer in einem Resort-Restaurant auf der Insel Phuket – zeigt sich das visuelle Raffinement, mit dem Thai-Köche ihre Kreationen arrangieren.

Ihre Vorliebe für Currys, also Gerichte auf Basis der kräftigen, aromatischen Sauce gleichen Namens, haben die Thais aus Malaysia beziehungsweise Indien importiert.

Dinner-Show im Kulturzentrum der Altstadt von Chiang Mai: Gegessen wird in Thailand nicht mit Stäbchen, sondern mit dem Löffel oder, auf dem Lande, mit der bloßen Hand.

Rechts oben:
Der berüchtigte, in der Thai-Küche allgegenwärtige Chili wird von westlichen Gaumen nicht ohne Grund bisweilen als Bedrohung empfunden.

Essen in Thailand 12

Thailand ist auch in kulinarischer Hinsicht ein Universum für sich. Seine Küche zählt, sowohl was Vielfalt und Frische der Zutaten als auch das Raffinement der Rezepte betrifft, zu den großen Küchen dieser Welt. Und dies, obwohl (oder vielleicht gerade weil) in ihr Traditionen aus mehreren Kulturen verschmolzen sind – die Vorliebe für Nudeln und Hühnerfleisch aus China zum Beispiel, für Curry und Chili, überhaupt intensive Gewürze, aus Indien, und für Fischsauce aus Vietnam. Trotz der vielfältigen Einflüsse ist die Kochtradition der Thais freilich völlig eigenständig – noch leichter, frischer, bekömmlicher und delikater als alles, was man sonst in Asien kredenzt bekommt. Ob am Straßenrand auf einem dreibeinigen Hocker neben dem mobilen Gasbrenner oder im luxuriösen Gourmettempel, dessen Chef gemäß der hohen Kunst der königlichen Thai-Küche kulinarische Hochämter zelebriert: Überall verbreiten vielfältige Gewürze und Kräuter ihre verführerischen Duftpolster; überall bildet das Hauptnahrungsmittel Reis die unverzichtbare Basis. Zu einem Fest für die Augen wird ein Essen im Thai-Stil dank der hohen Kunst der Dekoration, werden doch Früchte und Gemüse gerne in virtuos geschnitzte Objekte verwandelt.

i www.leckerbisschen.de/thailand/thailand-essen.htm

13 Moon Bar, Banyan Tree Hotel

Anantara, Lebua, Dusit Thani und Sukhothai, Sheraton, Swissôtel, Sofitel, The Peninsula, Pullman, Le Méridien, St. Regis und Four Seasons – wer in Thailands Hauptstadt nach einer Luxusherberge sucht, hat die Qual der Wahl. Denn das Angebot ist so dicht und der Standard so hoch, wie in keiner anderen Metropole Südostasiens. Viele Häuser brauchen den Vergleich mit europäischen und US-amerikanischen Spitzenhotels nicht scheuen. Eher im Gegenteil. Legendär ist das Mandarin Oriental, das, direkt am Chao Phraya gelegen und über vierzig Jahre lang, bis 2009, von dem Deutschen Kurt Wachtveitl gemanagt, regelmäßig zum besten Hotel der Welt gewählt wird.

Eine im wortwörtlichen Sinne herausragende Stellung unter all diesen hypermodernen Häusern, die aus Bangkok eine Hochburg der internationalen First-Class-Hotellerie machen, nimmt das Banyan Tree in der South Sathorn Road ein. Und zwar nicht so sehr wegen des dort gebotenen perfekten Service und Komfort. Die verstehen sich auf diesem allerhöchsten Kategorielevel von selbst. Sein großes Atout ist die Rooftop alias Moon Bar auf der obersten, der 61. Etage. Dort oben genießt man, an wolkenlosen und smogfreien Abenden unter einem Sternenzelt, eine laue Brise und einen 360-Grad-Panoramablick, der das Prädikat „atemberaubend" wirklich verdient. Wie auf dem Servierbrett liegt das gewaltige Lichtermeer rund um einen hingebreitet. Und tagsüber kann man die spannenden Details der stetig weiter wuchernden Skyline studieren. Wer sich übrigens nicht mit einem Sundowner oder Schlummertrunk begnügen will, kann gleich nebenan im Restaurant Vertigo einkehren und sich dort, ebenfalls unter freiem Himmel mit Traumpanorama, an einem Premium-Steak oder Seafood-Grill gütlich tun.

ℹ GPS: 13° 43' 24" N, 100° 32' 20" O
www.banyantree.com/en/bangkok/experience_the_resort/dining/vertigo_and_moon_bar

Bangkok Bank

14 Ayutthaya, Sommerpalast

15 Kilometer südlich von Ayutthaya und etwa fünfzig nördlich von Bangkok liegt, überaus malerisch auf einer Insel im Menam Chao Phraya, der Palast von Bang Pa-in. Die einstige Sommerresidenz der Könige von Siam wird nicht zuletzt wegen der schönen Parkanlage, in die sie gebettet liegt, von Hauptstadtbewohnern gerne an Wochenenden aufgesucht. Wobei sie bevorzugt, sehr romantisch, auf dem Fluss an Bord von Ausflugsschiffen anreisen. Die Anfänge des Palastbezirks reichen in die Ära von König Prasat Thong (1629–56) zurück, der hier zunächst einen buddhistischen Tempel, Wat Chumphol Nikayaram mit Namen, und später ein luftiges Schlösschen bauen ließ. Die Anlage in ihrer heutigen Form ist ein kurioses Potpourri aus fernöstlichen, orientalischen und europäischen Stilelementen. Sie geht auf die zweite Hälfte des 19. Jahrhunderts, die Regierungszeit der Könige Mongkut und Chulalongkorn, zurück. Zu den Highlights des Gebäudeensembles, das wegen seiner exemplarischen Architektur und reizvollen Lage zu den meistfotografierten historischen Sehenswürdigkeiten im Umland von Bangkok gehört, zählen: die in ihrem Neorenaissance-Stil recht italienisch anmutende Audienzhalle Phra Thinang Warophat Phiman mit dem prachtvollen, baldachinbekrönten Thron; der mit Terrakotten und weißen Streifen dekorierte Aussichtsturm Ho Withun Thasana sowie, last but not least, als Klassiker des filigranen Thai-Stil das Schmuckstück schlechthin: der inmitten eines künstlichen Sees golden funkelnde Phra Thinang Aisawan Tippaya – ein offener, auf kreuzförmigem Grundriss errichteter Pavillon mit vierstöckigem von einer zentralen Turmspitze bekrönten Dach, dessen Name auf Deutsch so viel wie „göttlicher Sitz der persönlichen Freiheit“ bedeutet.

GPS: 14° 13’ 56” N, 100° 34’ 44” O
www.palaces.thai.net/vt/vtbp

15 Ruinenstadt Ayutthaya

Das Ruinengelände von Ayutthaya erinnert eindrücklich an das ehemalige Königreich gleichen Namens, das Mitte des 14. Jahrhunderts aus einem Ableger des Khmer-Imperiums entstand, rasch zur führenden Macht im gesamten Menam-Becken aufstieg und erst 1767 nach einer Phase des Niedergangs von den Birmanen überrannt und zerstört wurde. Die Residenzstadt, von der aus während gut 400 Jahren 33 Könige über Siam regierten, wurde, strategisch sehr günstig, in einer Schleife des Menam Chao Phraya, am Zusammenfluss insgesamt dreier Flüsse auf einer Insel erbaut und zu ihrer Blütezeit von westlichen Besuchern ob ihrer Pracht überschwänglich beschrieben. Etwa 70 Kilometer von Bangkok gelegen, zählt die Ruinenstadt, deren Relikte seit den 1950er-Jahren nach und nach vom Dschungelbewuchs befreit und restauriert und 1991 von der UNESCO zum Weltkulturerbe geadelt wurden, zu den am besten erhaltenen historischen Sehenswürdigkeiten Zentralthailands. Der schönste und bedeutendste ihrer ursprünglich rund 375 Tempel war die Anlage von Wat Phra Si Sanphet, die einst als Staatstempel diente. Sie wurde im 15. Jahrhundert von König Boromatrailokanat errichtet, von seinen Nachfolgern sukzessive erweitert, und beeindruckt selbst als Ruine bis heute. Kaum minder imposant präsentiert sich der um 1630 unter König Prasat Thong erbaute Wat Chai Watthanaram (rechts oben). Sein zentraler Prang ist von acht kleineren, mit Stuckreliefs geschmückten, sorgsam restaurierten Tempeltürmen gesäumt. Weitere Highlights sind, jeweils schon im 14. Jahrhundert entstanden, Wat Mahatat und Wat Phanan Choeng, in denen sich die beiden (unten und rechts unten) abgebildeten Buddha-Statuen erheben.

GPS: 14° 21' 19" N, 100° 33' 30" O

16 Erawan-Nationalpark

Gut 60 Kilometer nordwestlich von Kanchanaburi erstreckt sich über eine Fläche von etwa 550 Quadratkilometern der Erawan-Nationalpark. Landschaftliches Juwel dieses dicht bewaldeten, speziell für seine Vogelvielfalt gerühmten Gebietes ist der gleichnamige Wasserfall (Bilder links), der über eine Reihe von Felsstufen von Becken zu Becken in die Tiefe gischtet. Er ist von der Stadt in circa dreistündiger, idyllischer Bootsfahrt auf dem Kwae Yai erreichbar, lässt sich über einen reizvollen Fußweg erwandern und wird vor allem an Wochenenden und Feiertagen scharenweise von Ausflüglern aus der nahen Hauptstadt Bangkok besucht. Weniger frequentiert, wenngleich kaum minder beeindruckend ist der Wasserfall Huai Khamin im benachbarten Si-Nakharin-Nationalpark. Auch hier kann man auf einem Speichersee schöne Bootsausflüge unternehmen. Und schließlich lockt auch der weiter westlich, direkt an der Grenze zu Myanmar in den frühen 1980er-Jahren eingerichtete Nationalpark Sai Yok mit seinen malerischen Flusslandschaften und Wasserfällen sowie von seltenen Fledermausarten bevölkerten Grotten und Höhlen. Dort laden am Ufer des Kwae Noi Hausboote als Touristenunterkünfte zu mehrtägigen Aufenthalten.

GPS: 14° 23' N, 99° 7' O
www.kanchanaburi-info.com/de/nationalpark.html

Elefantenreiten 17

Die Dickhäuter spielten in Thailands Geschichte seit alters wirtschaftlich und kulturell eine im wahrsten Wortsinn tragende Rolle und leben bis heute in freier Wildbahn. Als Tourist findet man über das Land verstreut vielfältige Möglichkeiten, mit den faszinierenden Tieren auf Tuchfühlung zu gehen. So offerieren diverse Freizeitparks kurze Trainingsprogramme zum Mahut, Elefantenführer. Und in Ayutthaya (unten) werden Besichtigungstouren auf dem Rücken der feinfühligen Kolosse angeboten.

GPS: 14° 21' 19" N, 100° 33' 30" O

18 Drei-Pagoden-Pass

Der Verlauf von Verkehrswegen ist seit alters ein prägender Faktor für die Geschichte von Völkern. Jene Handelsstraße, die den Golf von Thailand mit der Andamanensee und letztlich den Indischen Ozean mit dem südostasiatischen Festland verbindet, spielte sehr früh schon eine militärstrategisch wie kulturell bedeutsame Rolle. Sie bildet seit alters die Hauptroute aus dem südlichen Menam-Becken, also dem Großraum von Bangkok, westwärts durch das Tenasserim-Gebirge in den burmesischen Hafen von Martaban, die heutige, an der Mündung des Salween gelegene Stadt Moulmein. Über ihren höchsten Punkt, den Drei-Pagoden-Pass (der gerade 300 Meter über Meereshöhe liegt und seinen Namen drei eher unscheinbaren entlang der Scheitelstrecke errichteten Tempelbauten verdankt), sollen buddhistische Mönche im dritten Jahrhundert vor Christus ihren Glauben aus Indien nach Thailand gebracht haben. Später bildete der Pass immer wieder das Haupteinfallstor für birmanische Armeen. Im Zweiten Weltkrieg bauten die Japaner über ihn die Birma-Siam-Eisenbahn. Heute treiben hier, in dem Grenzgebiet zu Myanmar, wo nach wie vor Bergstämme mittels Brandrodung ihr kärgliches Dasein als Ackerbauern fristen, Schmuggler ihr Unwesen.

GPS: 15° 18' 7" N, 98° 23' 12" O

Fledermäuse 19

Die Vielfalt der thailändischen Tierwelt wird auch durch etliche Fledermaus-Arten bereichert, die in riesigen Populationen Höhlen bewohnen und bei Sonnenuntergang, den Himmel verdüsternd, ausschwärmen (hier nahe des Khao-Yai-Nationalparks). Die Ungewöhnlichste ist wohl die Hummelfledermaus, die, zur Familie der Schweinsnasenfledermäuse zählend, mit zwei Gramm Gewicht und einer Körperlänge von nur drei Zentimetern als kleinstes Säugetier der Welt gilt. Ein anderes Kaliber ist der Kalong-Flughund, der Flügelspannweiten bis 1,70 Meter aufweist.

Khao-Yai-Nationalpark
GPS: 14° 19' N, 101° 30' O

Affen 20

Allgegenwärtig sind, teils scheu, teils jedoch sehr gesellig, ja aggressiv, vor allem in den Nationalparks des Landes die Affen. Während sie in Südthailand gerne zum Kokosnusspflücken abgerichtet werden, dienen sie in Touristenzentren als Statisten für Souvenirfotos. Weithin bekannt sind die Affen von Lopburi, die dort in den Straßen und Tempeln rudelweise Schabernack treiben.

Lopburi
GPS: 14° 48' 11" N, 100° 36' 50" O

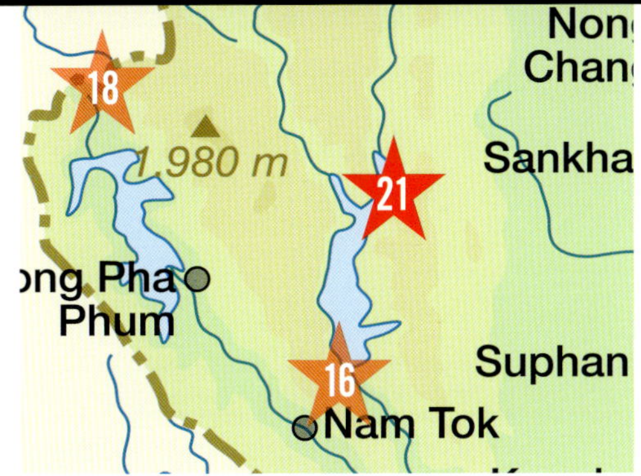

21 Chaloem-Rattanakosin-Nationalpark

Thailand besitzt rund hundert Nationalparks. Diese bilden einen wohltuenden Kontrast zu der anderswo oft arg von Menschenhand strapazierten Natur und werden deshalb von Einheimischen wie Touristen gerne und oft massenhaft im Rahmen von Tagesausflügen und Kurzurlauben besucht. Die meisten dieser Parks und Wildreservate wurden im vergangenen Vierteljahrhundert auf Betreiben der sehr naturverbundenen königlichen Familie ins Leben gerufen. Die Bandbreite ihrer Landschaften reicht von den wildromantischen Bergszenerien des Nordens mit ihrer nahezu mediterran anmutenden Fauna und Flora bis zu den oft von Bilderbuchstränden und bizarren Kalkwänden eingefassten tropischen Regenwäldern des Südens.

Der in der Provinz Kanchanaburi gelegene Chaloem-Rattanakosin-Nationalpark ist mit seiner Fläche von 59 Quadratkilometern der landesweit kleinste unter allen Nationalparks. Wie hier im Westen Zentralthailands nicht anders zu erwarten, besticht auch er durch seine dichte Dschungelvegetation, eine Vielzahl von Wasserfällen und Höhlen sowie die bis 1260 Meter hohen, steilwandigen Sandsteinberge, die übrigens das Quellgebiet des Mae Klong darstellen. Der Hauptwanderweg folgt einem Bachlauf und führt in die mit Flößen befahrbare, recht geheimnisvolle, weil früher als Begräbnisstätte genutzte Höhle Tham Lod Noi (links unten). Hernach gelangt man durch eine Schlucht bergan zum Lot-Yai-Wasserfall und weiter zu einem buddhistischen Schrein. Zwei weitere ganzjährig Wasser führende Fälle heißen Nam Tok Trai Trueng beziehungsweise Than Ngoen und sind ebenfalls für Fußgänger gut erschlossen. Mit etwas Glück begegnet man unterwegs Horden exotischer Affen, oder auch einem Exemplar der Banteng und Gaur, zwei in freier Wildbahn vom Aussterben bedrohten, auffallend großwüchsigen Rinderarten.

GPS: 14° 40' N, 99° 18' O

22 River Kwai

Um die beiden von ihnen eroberten Länder Burma und Thailand verkehrstechnisch zu verbinden, beschlossen die japanischen Besatzer inmitten des Zweiten Weltkriegs, eine Bahnlinie durch die Tenasserim-Berge zu errichten. Der Schienenstrang führt über den seit alters strategisch wichtigen Drei-Pagoden-Pass. Bei seinem Bau kamen mehrere Hunderttausend Zwangsarbeiter, deportierte Asiaten, aber auch Kriegsgefangene westlicher Armeen, zum Einsatz. An deren unmenschliches Schicksal erinnern zwei Kriegsfriedhöfe und in Kanchanaburi das „JEATH War Museum". Weltweit bekannt wurden die grauenhaften Geschehnisse jener Zeit durch Pierre Boulles 1952 publizierten Roman „Die Brücke am Kwai" und mehr noch durch dessen vielfach oscargekrönte Verfilmung durch David Lean mit Alec Guinness in der Hauptrolle. Seither ist freilich viel Wasser den River Kwai, der eigentlich Kwae Noi heißt, hinuntergeflossen. Die ursprüngliche hölzerne Brücke ist durch eine nüchterne Stahlkonstruktion ersetzt. Und statt Soldaten und Häftlingen bevölkern heute Touristen das Flussufer. Sie brettern von Kanchanaburi aus mit starkmotorigen „Longtail"-Booten übers Wasser, genießen, in Uferbungalows oder Floßhäusern einquartiert, das touristische Highlife und, in Hängematten mit der Seele baumelnd die stimmungsvolle Landschaft bei Sonnenuntergang. Eine zentrale Attraktion stellt aber immer noch die legendäre Brücke dar. Wer sie, im Rahmen eines Pauschalausflugs per Sonderzug von Bangkok kommend, nach etwa zwei Stunden erreicht, erlebt, wie der Lokführer den Zug auf Schritttempo abbremst, die ersten Takte des weltberühmten „River-Kwai-Marsches" pfeift und ein Erzähler über Lautsprecher an die dramatischen Ereignisse von einst erinnert.

Brücke am Kwai
GPS: 14° 2' 27" N, 99° 30' 13" O

THE RIVER KWAI JUNGLE RAFTS

23 Khao-Yai-Nationalpark

Ungefähr 200 Kilometer nordöstlich von Bangkok liegt Thailands ältester, ein bis heute sehr beliebter Nationalpark. Khao Yai, der Name bedeutet „großer Hügel“, misst mehr als 2000 Quadratkilometer und erreicht stellenweise eine Seehöhe von über 1000 Meter. Er umfasst sehr unterschiedliche Lebensräume – vom Tropendschungel über Grasland bis zum immergrünen Gebirgswald, in dem auch Laubbäume, zum Beispiel Kastanien, gedeihen. Entsprechend vielfältig ist die in ihm beheimatete Fauna. Ornithologen haben über 300 Vogelarten gezählt. Häufig gesichtet werden außerdem etwa Makaken, Gibbons, Elefanten – und gelegentlich auch Sambarhirsche, Bären sowie die akut gefährdeten Tiger. Von den ungefähr 500 Exemplaren dieses Königs der Raubkatzen, die in ganz Thailand insgesamt angeblich nur noch leben, haben etwa 20 in Khao Yai ein Refugium gefunden. Für Hobbybotaniker verlockend ist die Vielfalt an Orchideenarten, die, durch eine jährliche Niederschlagsmenge von über 3000 Millimetern mit der nötigen Feuchtigkeit versorgt, von März bis Mai in allen Farben erblühen und betörende Düfte verströmen.

Dieses sorgsam geschützte Paradies kann man über ein Netz gut markierter Wanderwege auf eigene Faust, mit einem Führer oder in organisierten Gruppen erkunden. Ein lohnendes Ziel ist etwa der Fluss Lam Takhong, an dessen Oberlauf ein schöner, hufeisenförmiger Wasserfall Kühlung und eine Augenweide verspricht. Unmittelbar jenseits der Grenzen des Parks gibt es Luxushotels, einen 18-Loch-Golfplatz und sogar Weinberge. Insbesondere an Wochenenden und Feiertagen ist es freilich ratsam, die Übernachtungsfrage möglichst frühzeitig zu klären.

GPS: 14° 20' N, 101° 30' O
whc.unesco.org/en/list/590

24 Khmer-Tempelanlagen

Ob im Bereich religiöser Praktiken, bei Hofritualen, dem Konzept des Königtums, Kunst oder Tanz: Die Kultur der ersten Reiche auf thailändischem Boden, insbesondere des frühen Ayutthaya, wurden nachhaltig von der Zivilisation der Khmer beeinflusst. Deren Reich, das im 6. Jahrhundert begründet und lange Zeit von der legendären Hauptstadt Angkor aus regiert wurde, umfasste zu seiner Blüte große Teile des heutigen Kambodscha und Nordost-Thailand, aber auch Gebiete auf heute burmesischem, laotischem und vietnamesischem Boden. Die Khmer huldigten die längste Zeit über dem Hinduismus, später auch dem Buddhismus. Sie verfügten über einen bemerkenswert straff organisierten Staat. Ihr ingenieurtechnisches Vermächtnis in Form ausgedehnter Kanalnetze und Wasserreservoirs ist ebenso beeindruckend wie das ihrer Architekten und Bildhauer. Zu den beeindruckendsten Hinterlassenschaften auf thailändischem Gebiet zählen die Heiligtümer (Prasat) von Hin Phimai, Hin Khao Phanom Rung (Bild rechts) und Mueang Tam (links oben). Aber auch etwa das Kloster Wat Si Sawai im Geschichtspark von Sukhothai (links unten), errichtet im 12./13. Jahrhundert, wurde im klassischen Khmer-Stil erbaut. Markenzeichen all dieser Tempelanlagen sind die sogenannten Prang, reich verzierte Türme, die den mythologischen Berg Meru als Wohnsitz der Götter symbolisieren. Charakteristisch sind weiters die ungemein kreativ gestalteten Flachreliefs, die mit ihren Abbildungen von Kampf- und Alltagsszenen, vor allem jedoch hinduistischen und buddhistischen Gottheiten Giebelfelder und Türstürze zieren. In der Innenkammer der Prangs findet sich meist eine Buddha-Statue oder ein phallisches Kultobjekt, der Shivalinga, aufgestellt.

Hin Khao Phanom Rung
GPS: 14° 31' 54" N, 102° 56' 25" O
www.khmer-temple.com

Abendstimmung über Alt-Sukhothai, der Hauptstadt des gleichnamigen Königreiches aus dem 13. Jahrhundert. Dessen Ruinen – im Bild: das zentrale Wasserbecken mit Wat Sra Si im Hintergrund – gelten als besterhaltene historische Sehenswürdigkeit Zentralthailands.

DER NORDEN

Eine Welt für sich ist der Norden Thailands, der sich, vereinfacht dargestellt, durch den 17. Breitengrad vom Rest des Königreiches abgrenzen lässt. Hier, in den fruchtbaren und deshalb landwirtschaftlich schon früh intensiv genutzten Tälern und Becken des Berglandes stand die Wiege der thai-buddhistischen Kunst, Kultur und Tradition. Hier blühten zwischen dem 11. und 14. Jahrhundert Reiche, in deren Zentren, von Chiang Rai bis Kamphaeng Phet und speziell in Chiang Mai, Lamphun und Sukhothai, sich jene höfischen, religiösen und weltlichen Bräuche und Sitten entwickelten, die bis in die Gegenwart fortbestehen. Prägend waren diesbezüglich lange Zeit die Einflüsse der Mon und über dieses Volk die Beziehungen zum benachbarten Burma, generell aber auch jene zu Indien und, nicht zuletzt in jüngsten Jahren, zu den Chinesen.

Sehr konträr sind Natur und Lebensweise in der nordöstlichen Region, dem zu den Flüssen Mun und Mekong hin entwässernden Khorat-Plateau. Dort, in Richtung laotischer Grenze, ist die Besiedlung zwar recht dicht, der Boden jedoch hart, sind Bangkok und der wirtschaftlich dynamische Zentralraum fern und die Lebensverhältnisse entsprechend kärglich. In gewissem Sinne eine geschichtliche Sonderrolle spielt traditionell das berühmt-berüchtigte Goldene Dreieck, jenes Gebiet im äußersten Norden, wo Myanmar, Laos und Thailand aneinandergrenzen und die Bevölkerung ihren Lebensunterhalt immer schon maß-

Nordthailand, das sind die fruchtbaren Flusstäler des Ping und Mekong, das idyllische Bergland und die Hauptstadt des Kunsthandwerks, Chiang Mai. Ein Juwel ist das Grenzstädtchen Mae Hong Son (oben), allgegenwärtig das sattgrüne Reisfeld. Dieser Kolossalbuddha erhebt sich im „Golden Triangle Park" von Sop Ruak, die Dickhäuter paradieren beim National Elephant Day im Karen-Dorf Ruammit.

Chiang Rai

Sop Ruak

National Elephant Day

geblich mit der Herstellung von Opium verdient.

Die Mehrheit der Menschen Nordthailands lebt bis heute in Dörfern. Allerdings üben urbane Zentren wie Chiang Rai, Lampang, Phrae, ganz im Osten Ubon Ratchathani und vor allem Chiang Mai als Hauptstadt des Nordens und ehemalige Residenz der Könige von Lan Na seit alters starke kulturelle Strahlkraft aus. Die Städte sind es auch, die Kunstinteressierte mit ihren Schätzen begeistern. Altehrwürdige Tempel und Klöster zuhauf belegen, wie tief die Bevölkerung einst wie heute im Buddhismus verankert war und ist. Hinzu kommen die reichen Traditionen etwa im Bereich des Tanztheaters, der Kochkunst oder, besonders intensiv zu erleben in Chiang Mai und Umgebung, im Kunsthandwerk.

DIE REGION DER BERGVÖLKER

Eine eigenständige Entwicklung weisen die sogenannten Bergstämme auf – die Hmong, Meo, Mien, Yao, Akha, Lahu, Lisu und Karen, die mehrheitlich nach wie vor als halbnomadische, viehzüchtende Hackbauern leben. Ihr reiches Brauchtum, die malerischen Trachten, Märkte und Festivitäten bereichern das touristische Angebot enorm. Hauptattraktion ihrer Heimat, der grenznahen Gebiete, ist denn auch die Landschaft, jenes bukolische Nebeneinander von sanften, sattgrünen mit kleinen Dörfern gesprenkelten Flusstälern und wildromantischen, bis über 2500 Meter hohen Gebirgsketten, die man am besten zu Fuß, im Rahmen von Trekkingtouren erkundet.

25 Sukhothai

Die am Nordrand des Menam-Beckens gelegene Ruinenstätte von Alt-Sukhothai ist ein zentraler Ort nationaler Identität und eine Pflichtstation auf jeder Kultur-Rundreise. Von hier lenkte ab 1238 ein gewisser Sri Indraditya, nachdem er sich aus dem Griff der bislang von Angkor aus über die Region regierenden Khmer befreit hatte, als erster König der Thais die Geschicke des neuen Reiches von Siam. Unter seinem Nachfolger, König Ram Kamhaeng (1279 – ca. 1317), wurde die bis heute gebräuchliche thailändische Schrift entwickelt. Die Künstler von Sukhothai lösten sich damals von Einflüssen aus der indischen und der Khmer-Kultur und entwickelten jenen neuen bildhauerischen Stil, dessen weiche, elegante Formen – Musterbeispiel: der Kolossalbuddha des Wat Si Chum – heute als klassisch gelten.

Das gesamte Ruinenfeld misst in etwa 70 Quadratkilometer und umfasst an die 40 Tempelanlagen. Es wurde in den späten 1980er-Jahren als Geschichtspark gestaltet und wenig später zum UNESCO-Weltkulturerbe geadelt – ein Status, den zeitgleich auch die beiden anderen Brennpunkte der im 14. Jahrhundert blühenden Sukhothai-Kultur, nämlich die Ruinenstädte Si Satchanalai (rund 60 Kilometer weiter nördlich) und Kamphaeng Phet (50 Kilometer südwestlich) erhielten. Alt-Sukhothais ursprünglich mit Erdwällen und Wassergräben befestigter Kernbezirk enthält die imposanten Reste des ehemaligen Königspalastes und auch jene von Wat Mahathat (Bild unten), das mit seinen mehr als 200 Chedis seinerzeit das Hauptheiligtum bildete. Einen guten Überblick auf die Vielfalt an Tempelresten und Kunststilen verschafft anhand zahlreicher vor Ort gefundenen Statuen, Stuckarbeiten und Keramiken das Ram-Khamhaeng-Nationalmuseum, das man Mitte der 1960er-Jahre schon im Herzen der historischen Altstadt eingerichtet hat.

GPS: 17° 1' 2" N, 99° 42' 13" O
www.su.ac.th/sukhothai

26 Elefanten-Institut

Ob als Arbeitstier oder hochverehrtes, heiliges Wesen: Elefanten genießen in Thailand traditionell einen Sonderstatus. Bis heute werden sie in der Holzwirtschaft beim Transport von Baumstämmen eingesetzt. Ihre spirituelle Bedeutung rührt einerseits von Ganesha, dem berühmten Hindu-Gott des Wissens, andererseits von der zentralen Rolle, die der Legende nach ein weißer Elefant um die Geburt Siddharta Gautamas, des späteren Buddha, spielte. Eine so diesseitige wie beglückende Begegnung mit den sanften Riesen kann man unweit von Chiang Mai im Nationalen Elefanteninstitut von Lampang erleben. Dieses wurde 1993 unter Patronat des Königshauses gegründet, um die infolge der Zerstörung von Wäldern in freier Wildbahn arg dezimierten Bestände zu schützen, zu züchten und auch weiter zu erforschen. Mehr als fünfzig Asiatische Elefanten werden in dem dicht bewaldeten Areal dieser landesweit einzigen, staatlicherseits betriebenen Einrichtung ihrer Art betreut. Das ein- oder mehrtätige touristische Programm umfasst neben den üblichen Reit- und Trekkingmöglichkeiten, Geschicklichkeitsshows und der Tierbeobachtung am Badeteich auch Besuche in der Zuchtstation und im Veterinärspital sowie Kurzkurse im artgerechten Umgang mit den dem Menschen so hilfreichen Vierbeinern.

GPS: 18° 21' 42" N, 99° 14' 15" O
www.thailandelephant.org/en

Rafting am Mae Klong 27

Wassersportler finden nicht nur entlang Thailands schier endlosen Küsten, sondern auch in zahlreichen Binnengewässern ein reichhaltiges Betätigungsfeld. Im Ruf eines besonders lohnenden Reviers für Wildwasserrafting steht seit langem schon der Fluss Mae Klong. An seinem Oberlauf bei Umphang, in der Provinz Tak hart an der Grenze zu Myanmar, schneidet er durch eine spektakuläre Gebirgslandschaft. Entsprechend abenteuerlich gestalten sich die Schlauchbootfahrten, für die hier zahlreiche Veranstalter um Kunden buhlen.

GPS: 16° 20' 51" N, 99° 00' 39" O

Chiang Mai 28

Die Metropole des Nordens ist zwar hinsichtlich ihrer Einwohnerzahl (circa 210 000) nur die sechstgrößte Stadt des Landes. Doch gilt sie gemeinhin als seine schönste. Im ausgehenden 13. Jahrhundert von den Königen des unabhängigen Reiches Lan Na zur neuen Residenz erkoren, wuchs die Siedlung rasch zu einem Zentrum des Theravada-Buddhismus heran. Insgesamt mehr als 200 Tempelklöster, darunter solche Juwele wie die Wats Chedi Luang (rechts unten), Pha Dara Phirom (rechts oben), Phra Sing und Chiang Man, Phan Tao, Phan Waen und Muen Ngon Kong, verleihen ihrem historischen, von einer Mauer quadratisch eingefassten Kern das Gepräge eines Freilichtmuseums und machen ihn im Verbund mit dem reich bestückten Nationalmuseum zu einer Pflichtstation für Architekturliebhaber. Mit gutem Grund wird Chiang Mai bis heute gerne „Stadt der goldenen Tempel" genannt.

Inzwischen hat auch hier die Moderne in Form gesichtsloser Betonbauten, importierter Massenware und Verkehrsstaus Einzug gehalten. Die Zahl der traditionellen Holzhäuser mit ihren blühenden Vorgärten ist stark geschrumpft. Dennoch hat sich die in einem windgeschützten, weil von hohen, bewaldeten Bergen umkränzten Becken gelegene und von Kanälen durchzogene Stadt viel von ihrem Charme bewahrt. Großen Anteil daran haben die vielen malerischen Märkte und das reiche Angebot authentischen Kunsthandwerks. Das alles überragende Wahrzeichen Chiang Mais thront 20 Kilometer außerhalb auf einer Terrasse des fast 1700 Meter hohen Doi Pui: jenes Kloster gleichen Namens, das zu den meistverehrten buddhistischen Heiligtümern ganz Nordthailands zählt. Etwas außerhalb der Stadt liegt auch das sehenswerte Kloster Wat Doi Suthep (links).

GPS: 18° 47' N, 98° 59' O
www.chiangmai-thailand.de

Goldener Buddha, Chiang Mai 29

Thailands Landkarte ist gleichsam übersät mit Standorten Goldener Buddha-Statuen, die stehend, schreitend, sitzend oder liegend von der Erhabenheit des Religionsstifters und seiner Lehre künden. Ein besonders berühmtes, ob seiner Anmut und Segenskraft gleichermaßen gepriesenes Exemplar ist die legendäre Buddha-Figur Phra Singh. Sie steht – oder besser gesagt: sitzt – im gleichnamigen Kloster, dem größten und bedeutsamsten von Chiang Mai, das bereits Mitte des 14. Jahrhunderts gegründet wurde, und soll ursprünglich aus Sri Lanka stammen. Der Buddha ist, auf hohem Lotos thronend, im Gestus der Erdanrufung, auch Bhumisparsha Mudra genannt, dargestellt. Die Pose wird gerne auch als Geste der Unerschütterlichkeit bezeichnet und erinnert an jenen Moment, da Gautama Buddha im indischen Bodh Gaya unter dem Bodhi-Baum meditierend Anfechtungen durch Illusionen ausgesetzt war und die Erde als Zeugin für sein stets ehrliches Streben nach Wahrheit anrief.

Eine weitere prächtige Buddha-Statue findet sich 20 Kilometer außerhalb der Stadt im Kloster Wat Doi Suthep (kleines Bild unten).

GPS: 18° 47' 19" N, 98° 58' 53" O

30 Kochschulen

Der Trend startete 1993. Damals öffnete die Chiang Mai Thai Cookery School ihre Pforten. Inzwischen haben deren Betreiber als Pioniere sowohl in der Stadt, als auch über ganz Thailand verstreut, zahlreiche Nachahmer gefunden. Diese haben sich mehr oder weniger originelle Namen wie „Grandma's Thai Recipes Cooking School", „Farm Cooking School", „Basil Thai", „Siam Rice" oder „Thai Secret Cooking School" verpasst. Die Dauer der angebotenen Kochkurse variiert zwischen einigen wenigen Stunden und mehreren Tagen. Das typische Programm beginnt früh morgens mit einem gemeinsamen Gang aller Teilnehmer, für gewöhnlich sechs bis zehn, auf den nächstgelegenen Markt, bei dem man die Zutaten für das gemeinsame Kochen kauft. Dabei bekommt man allerlei Tipps für die rechte Qualität von Obst und Gemüsen, Nudeln, Reis und Fisch verraten. Hernach wird das Rohmaterial präpariert, bekommen die „Schüler" verschiedene Techniken der Zubereitung vorgezeigt. Zu guter Letzt werden die fertigen Gerichte zusammen verkostet. Im Rahmen mancher Kurse kann man auch die hohe Kunst der Obstschnitzerei erlernen. Gelegentlich gibt es zum Abschied für zu Hause ein Rezeptbuch, damit man als kulinarische Botschafter auch die Daheimgebliebenen mit Gaumenfreuden verwöhnen kann.

GPS: 18° 50' 26" N, 99° 4' 47" O
www.thaicookeryschool.com

31 Traditionelle Tanzshows

Thailands Tanztraditionen blicken auf eine vielhundertjährige Geschichte zurück. Zu unterscheiden ist zwischen den Tänzen im dörflichen Alltag, für die bestimmte Ereignisse im Jahres- und Lebenslauf – Trauerfälle, Aussaat, Ernte zum Beispiel – den Anlass geben. Speziell unter den Bergvölkern spielen dabei spiritistische Inhalte, das Beschwören der Geister der Vorfahren, eine zentrale Rolle. In der städtisch-höfischen Tradition indes steht die Nacherzählung von Dramen und Epen im Vordergrund, etwa den Jataka-Legenden rund um Leben und Wirken des Buddha, oder dem Ramakien, der Thai-Version des indischen Ramayana.

In Chiang Mai werden im Old Chiang Mai Cultural Center (siehe Bilder), ebenso wie in vielen Lokalen, in Kombination mit den für den Norden typischen Khantoke-Mahlzeiten, traditionelle Tanzshows dargeboten, die trotz ihres kommerziellen Charakters eine durchaus authentische Vorstellung all dieser sorgsam gepflegten Traditionen vermitteln. Hauptaugenmerk liegt dabei auf der Präsentation der Volkstänze. Die Frauen der Bergstämme stellen bei dieser Gelegenheit ihre oft fantasievollen und entsprechend fotogenen Trachten zur Schau. Aber in das Programm eingewoben finden sich auch Elemente des klassischen, in jedem Bewegungsdetail perfektionierten Khon-Tanztheaters.

GPS: 18° 46' 19" N, 98° 58' 47" O
www.oldchiangmai.com

32 Chiang-Mai-Nachtbasar

Kein Aufenthalt in der altehrwürdigen ehemaligen Königsstadt ist komplett ohne einen ausführlichen Bummel durch ihren Nachtbasar. Der Markt, der es in Größe und Vielfalt des Sortiments durchaus mit Bangkoks Märkten etwa in der Khao San Road oder auch im nördlichen Vorort Chatuchak aufnehmen kann, erstreckt sich in der Gegend um die Chang Klan Road über etliche Häuserblöcke. Im Angebot der Aberhunderten Stände findet sich, von Möbeln und Kunsthandwerk über Schmuck, Schuhe, Taschen und T-Shirts bis zu Krimskrams und Nippes, deren Verwendungszweck selbst bei näherer Betrachtung unerklärlich bleibt, so gut wie alles. Der Markt zielt ohne Zweifel auf kauffreudige Touristen, die Qualität der Ware variiert beträchtlich. Während einerseits durchaus hochwertiges Kunsthandwerk geboten wird, ist andererseits die Gefahr groß, Fälschern von vermeintlichen Luxusprodukten Marke Chanel oder Louis Vuitton aufzusitzen.

Am Ende eines Rundgangs sollte man unbedingt im Food-Court am Ende des Nachtmarkts einkehren. Je nach Geschmack harren hier exotische Leckerbissen (gebratene Maden gefällig?), aber auch vielerlei frische Früchte und Gemüse darauf, verzehrt zu werden. Nicht minder reichhaltig ist das Angebot an regionalen Spezialitäten in den umliegenden Garküchen und Restaurants.

GPS: 18° 47' 6" N, 99° 0' 03" O

Kunsthandwerk 33

Chiang Mai steht weithin im Ruf eines wahren Mekkas für qualitätvolles Kunsthandwerk. Die Dichte an Werkstatt-Läden ist enorm und ihr Sortiment nicht nur reichhaltig, sondern mancherorts bis heute den jahrhundertealten Traditionen der Region verpflichtet. Interessierte finden entsprechend zahlreiche Gelegenheiten zum lustvollen Stöbern und Kaufen. Zugleich können sie aber vielerorts auch den Meistern bei ihrer Arbeit über die Schultern schauen.

Zu den berühmtesten Erzeugnissen der „Hauptstadt des Nordens" zählen Silberarbeiten – insbesondere jene aus den Bergdörfern des Umlandes, wo die Schmiede aus altem, durch Einschmelzen indischer und burmesischer Münzen gewonnenen Silber oft sehr originelle Schüsseln, Schalen und Schmuckstücke fertigen. Ähnlich groß ist die Auswahl an Zinn- und Bronzearbeiten, speziell Glocken und Essbestecken. Als charakteristische Souvenirs gelten weiters gewachste Papierschirme, Schnitzereien aus Teakholz und Jade, Töpferware, Betelbehältnisse, Stickereien, kunstvoll designte Webwaren, vor allem Sarongs, aus Baumwolle oder Seide, sowie mit Gold, Farbe oder Perlmutt dekorierte Lackarbeiten.

i GPS: 18° 47' N, 99° 0' O

34 Bergvolk der Karen

Die mit Abstand größte Gruppe der Bergvölker Nordthailands bilden die Karen. Seit ihre Vorfahren aus der südchinesischen Provinz Yünnan in das heutige Grenzland zwischen Thailand und Myanmar einwanderten, pflegen sie eine weitgehend sesshafte Lebensweise. Sie betreiben im Unterschied zu ihren Nachbarvölkern keinen Anbau von Schlafmohn, sondern, in Kombination mit Brandrodung, Feldbau mit Fruchtfolgen. In den Ebenen – ihr Siedlungsgebiet reicht bis weit in den Süden – pflanzen sie Nassreis. Ihre Männer sind traditionell als Mahouts, Elefantenführer, in der Forstwirtschaft tätig.

Viele der in Thailand gemeldeten Karen – für die hierzulande übrigens auch die Bezeichnungen Yang und Kariang gebräuchlich sind – leben entlang der Grenze zu Myanmar in Flüchtlingslagern. Der traurige Hintergrund: Den Kayin, so heißen sie im westlichen Nachbarland, war dort nach 1945 als größter Minderheit von den Briten eine autonome Region versprochen worden. Ihr politischer Traum wurde jedoch nie realisiert. Stattdessen litten sie, insbesondere nach der Niederschlagung der burmesischen Demokratiebewegung (1988) unter schlimmer Repression, suchten massenweise in Thailand Zuflucht und organisieren von hier aus seither ihren Kampf gegen die Militärjunta für einen unabhängigen Staat.

ℹ GPS: 19° 18' N, 97° 54' O
www.ccsdpt.org/
ban-mai-nai-soi-refugee-camp

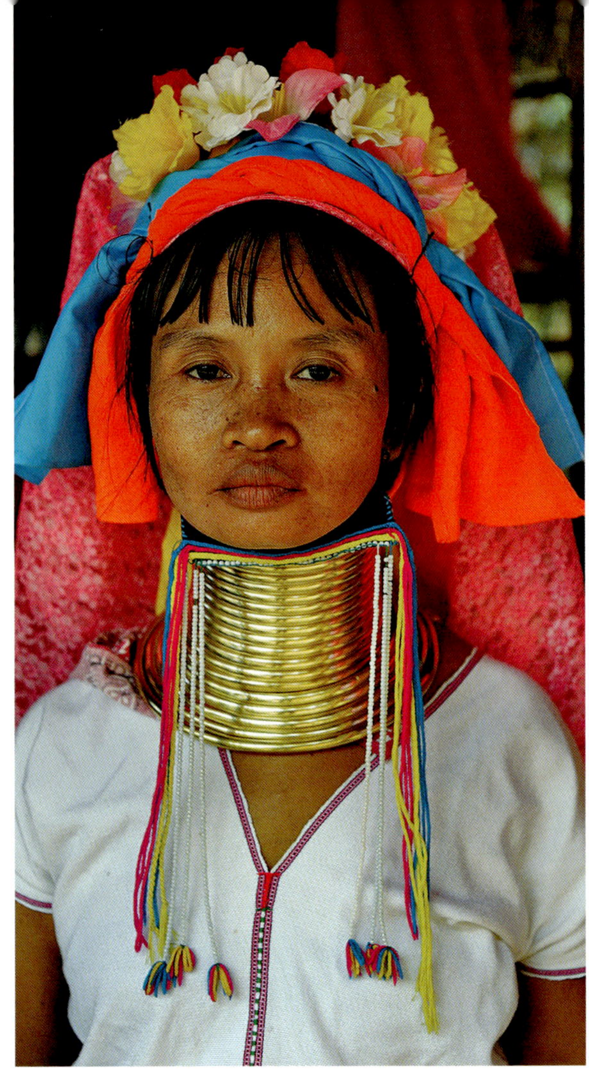

35 Bergvolk der Akha

Thailands gebirgiger Norden gleicht, was die dort lebenden Ethnien betrifft, einem bunten Fleckenteppich. Als größte Volksgruppen gelten die Hmong, Meo, Mien, Lahu, Lisu, Akha und Karen. Ihnen allen ist gemein, dass sie erst seit dem späten 19. Jahrhundert politischer Bedrängnisse wegen aus ihren ursprünglichen Stammländern China, Tibet, Burma in ihre heutige Heimat zuzogen und animistischen Glaubensvorstellungen anhängen. Viele leben als halbnomadische Wanderbauern. Ein gemeinsames Merkmal ist auch ihr überdurchschnittliches handwerkliches Geschick. Wobei die Pauschalbezeichnung „Bergvölker" eine sträfliche Verallgemeinerung darstellt, da sich die einzelnen „Hilltribes", auch wenn ihre Dörfer oft direkt benachbart liegen, nach Herkunft, Sprache und Sitten stark unterscheiden. Eine zahlenmäßig kleine, aber kulturell sehr eigenständige Ethnie bilden die Akha. Ihre rund 45 000 Angehörigen – in ganz Südostasien wird ihre Zahl auf 400 000 geschätzt – leben, verteilt auf circa 300 Dörfer, mehrheitlich in Pfahlhütten aus Bambus. In abgelegenen Gegenden bauen sie noch Opium an. Doch steuert die Regierung mit Hilfsprojekten gegen, indem sie ihnen durch Förderung des Trekking-Tourismus ein nachhaltiges Zusatzeinkommen zu verschaffen sucht.

GPS: 20° 06' 17" N, 99° 37' 58" O
www.pda.or.th/chiangrai/ban_lorcha.htm

36 Mae Hong Son

Das große Atout dieses im äußersten Nordwesten, hart an der Grenze zu Myanmar gelegenen Städtchens ist – oder sollte man besser sagen war? – seine Abgeschiedenheit inmitten einer zauberhaften Bergnatur. Inzwischen besitzt auch dieser 7000-Seelen-Ort einen Flugplatz und ist über tadellose Straßen erreichbar. Seine Hotellerie und das gastronomische Angebot entsprechen ebenfalls bereits internationalen Standards. Doch an der Unversehrtheit seiner Umgebung haben der Einzug der Moderne und der anschwellende Strom an Investitionsgeldern zum Glück nichts geändert. Das Hügelland ist immer noch von einer üppig-tropischen Vegetation überzogen, mit Wasserfällen und Höhlen gespickt und somit ein idealtypisches Revier für Naturliebhaber und Aktivurlauber. Mehrtägige Trekking- oder Mountainbike-Touren, Dschungelritte auf dem Rücken von Elefanten, Rafting auf dem temperamentvollen Menam Pai ... Die Möglichkeiten, Outdoor-Abenteuer zu erleben, sind ungezählt. Ein wunderschönes Naturschauspiel entfaltet sich alljährlich im November/Dezember, wenn die Mexikanische Sonnenblume, auf Thai „Dok Bua Tong", mit ihrem Blütenmeer Berge und Täler gleichsam in eine goldgelbe Gaze zu hüllen scheint. Eindrucksvoll ist auch der Ausblick vom Wat Phra That Doi Kong Mu (rechts). Tief im Gedächtnis haften bleiben außerdem die Besuche in den Dörfern der verschiedenen Bergvölker im Umland. Ihre Trachten, ihr Schmuck und auch die Märkte sind eine wahre Augenweide und lassen die Herzen von Hobbyfotografen höher schlagen. Besonders malerisch ist, neben dem mannigfachen Kunsthandwerk, das bunte Potpourri aus Agrarprodukten, ein regelrechtes Füllhorn voll exotischen Früchten und Gemüsen, aber auch Chili, Betelnüssen und Tabak, das eindrücklich die enorme Fruchtbarkeit der Provinz bezeugt.

GPS: 19° 18' N, 97° 59' O
www.klick-thailand.de/nordthailand/maehongson

37 Wat Chong Klang in Mae Hong Son

Die „Stadt der Nebel“, wie diese gegen Mitte des 19. Jahrhunderts aus einem Elefantencamp hervorgegangene Siedlung ihres höhenbedingten Klimas wegen auch gerne genannt wird, bezirzt Besucher nicht nur mit ihrer idyllischen Umgebung. Sie besitzt auch mehrere hochinteressante Baudenkmäler. Vom Gipfel ihres Hausberges zum Beispiel, dem Doi Kong Mu, grüßen, von der Stadt aus in gut halbstündigem Fußmarsch erreichbar, die Chedis des Wat Phra That Doi Kung Mu. Im Nordwesten der Innenstadt steht Wat Hua Wiang, ein aus Teakholz gezimmerter Tempel, unter dessen Dach der ursprünglich aus Burma stammende, bronzene Buddha Phrachao Para La Khaeng seine Segenskraft verströmt.

Die größte architektonische Kostbarkeit aber, und das Wahrzeichen Mae Hong Sons, bildet der Wat Chong Klang (Bild oben). Die von weitem an ihrem goldenen, von weißen Streifen durchzogenen Chedi erkennbare Tempelanlage steht mitten im Stadtzentrum, am Ufer eines kleinen künstlichen Sees, der früher als Badeteich für die von der harten Waldarbeit erschöpften Elefanten diente. Ihr Viharn birgt mehr als 30 gut 150 Jahre alte Buddha-Statuen burmesischer Provenienz. Außerdem finden sich neben seinem Hauptaltar an die 200 auf Glas gemalte Darstellungen aus dem Phra Vejsandom Jataka, den Erzählungen aus den früheren Leben des erhabenen Buddha.

Von spirituell wie kunsthistorisch äußerst hohem Wert ist auch der unmittelbar benachbarte Wat Chong Kham (Bilder rechts). Er wurde um 1830 von Männern der Shan-Minderheit erbaut, trägt ebenfalls eindeutig burmesische Züge und bietet unter seinem Dach einer Sammlung historischer Holzpuppen, welche den Buddha in verschiedenen Stadien seines Lebens repräsentieren, sowie einer Kopie des berühmten fünf Meter hohen, sitzenden Phra Buddha Singh, dessen Original sich im Chiang Mai befindet, Schutz vor Wind und Wetter.

GPS: 19° 17’ 54” N, 97° 58’ 02” O

38 Chinesendorf Ban Rak Thai

Ein schöner Tagesausflug führt von Mae Hong Son 44 Kilometer nordwärts, bis direkt an die burmesische Grenze, in das Dorf Ban Rak Thai. Allein die Anreise lohnt das Unternehmen, führt sie doch durch eine überaus anmutige Berglandschaft, die nach jeder Kurve neue, spektakuläre Panoramen offenbart. Das Dorf, bis vor kurzem unter dem Namen Mae Aw bekannt und als solches auch noch in neusten Karten verzeichnet, weist eine kulturelle Besonderheit auf: Es wurde 1949 von Soldaten der Kuomintang, also General Tschiang Kai-scheks nationalchinesischer Armee, gegründet, die sich vor den Truppen Maos in diesen abgelegenen Winkel flüchteten. Ihre Nachfahren, die intensive Kontakte zu Taiwan unterhalten, von der Regierung in Bangkok freilich schrittweise integriert und als Grenzwächter angeheuert werden, pflegen hier ein Stück chinesischer Kultur. Deren herausragendes Merkmal ist eine hoch entwickelte Teekultur. Reisende können das edle Getränk denn auch in etlichen Läden verkosten. In mehreren Restaurants bekommt man zudem Spezialitäten der Küche von Yünnan kredenzt. Auf dem Hin- oder Rückweg lohnen Zwischenstopps an dem Wasserfall Pha Sua und, fünf Kilometer weiter, an dem königlichen Sommerpalast Pang Tong.

ℹ GPS: 19° 35' 08" N, 97° 56' 50" O

39 Tiger

Mit seiner landschaftlichen Vielfalt bietet Thailand ideale Lebensbedingungen für eine immense Zahl unterschiedlicher Tier- und Pflanzenarten. Allerdings haben im Laufe des 20. Jahrhunderts die Rodungen der Wälder und Wilderei zu einer dramatischen Reduktion von Fauna und Flora geführt. Zu den akut vom Aussterben bedrohten Arten gehört, wie in ganz Südostasien, ja auf dem gesamten Kontinent, der Tiger. Ungefähr 500 Exemplare der majestätischen Raubkatzen, so schätzen Umweltschützer, leben hierzulande noch in freier Wildbahn, davon zwei Dutzend allein im Khao-Yai-Nationalpark. Die größte Gefahr geht von der Zerstörung ihres Lebensraumes durch das Brandroden, die Ausbreitung von Agrarland und das Schrumpfen von Beutetierbeständen aus. Eine weitere Gefahr stellen die illegale Jagd und der Handel mit Tigerprodukten dar – insbesondere mit den zu Pulver zermahlenen Knochen, die in der traditionellen chinesischen Medizin Verwendung finden. Im Jahr 1975 wurde infolge des Washingtoner Artenschutzabkommens (CITES) der Handel mit Tigerprodukten verboten, 1993 folgte China mit einem nationalen Handelsverbot. Seit 1995 stehen die prächtigen Tiere in Thailand offiziell unter Schutz. Dennoch sinken die Bestände weiter. Im Tiger Kingdom in Chiang Mai kann man mit den seltenen Raubkatzen auf Tuchfühlung gehen.

GPS: 18° 55' 30" N, 98° 55' 57" O

40 Goldenes Dreieck

Die Region im Dreiländereck der Staaten Myanmar, Laos und Thailand (Bild unten: alle drei Länder im Blick) genießt weltweit einen sehr zweifelhaften Ruf. Der Grund: Ihr Name gilt als Synonym für die Opium- und Heroinherstellung beziehungsweise den international vernetzten Handel mit diesen Drogen. Der Begriff bezieht sich zum einen auf die geometrische Form des besagten Gebiets, zum anderen vermutlich auf das Gold, mit dem chinesische Dealer anfänglich das Opium bezahlten. Er geht auf die frühen 1970er-Jahre zurück, als der Vietnamkrieg den Absatz für Rauschgift sowie Gelder aus dem Drogengeschäft von der CIA zur Finanzierung verbündeter Armeen dieses schmutzige Business befeuerten. Ursprünglich begonnen haben mit dem Schlafmohnanbau Einwanderer aus China. Er hat bei den hier ansässigen Bergvölkern eine entsprechend lange Tradition.

Nachdem in jüngerer Vergangenheit der sogenannte Goldene Halbmond mit dem Zentrum Afghanistan der Grenzregion am Mekong in Bezug auf die Versorgung der Welt mit Heroin den Rang abgelaufen hat, ist deren touristische Bedeutung gewachsen. Von Chiang Rai aus lässt sich die Region mittlerweile bequem bereisen. Das Straßennetz ist gut ausgebaut, die Zahl an Sehenswürdigkeiten groß. Im Golden Triangle Park (Bilder rechts) informiert die Hall of Opium über die Geschichte des Anbaus, die Opiumkriege und Folgen des Drogenmissbrauchs. Den nördlichsten Punkt des „Dreiecks" markiert die Grenzstadt Mae Sai. Als starker Magnet für Ausflügler fungiert das schon sehr kommerzialisierte Dorf Sop Ruak. Ganz in der Nähe liegt, in herrliche Berglandschaft gebettet, Chiang Saen mit seinen beeindruckenden, mehr als 700 Jahre alten Tempelruinen. Weiter südöstlich lohnt die Stadt Nan mit ihrem Museum und Wat Phumin, einem der prächtigsten Tempel Nordthailands, genauere Beachtung.

GPS: 20° 21' 20" N, 100° 4' 53" O

41 Mekong

Der Mekong ist der größte Fluss Südostasiens, der drittgrößte ganz Asiens. Sein Einzugsgebiet misst etwa 800 000 Quadratkilometer. Mehr als 70 Millionen Menschen sind von ihm direkt abhängig. Der gewaltige Strom entspringt im chinesischen Tangla-Gebirge und mündet mehr als 4500 Kilometer weiter südöstlich auf vietnamesischem Gebiet ins Südchinesische Meer. Nachdem er zunächst Osttibet und Yünnan durchflossen und hernach die Grenze zwischen Myanmar und Laos gebildet hat, übernimmt Thailand nahe dem Ort Chiang Khan, im Goldenen Dreieck, das Westufer des Mekong (Bild rechts: Blick nach Laos), ehe sein Lauf 750 Kilometer später, bei Khong Chiam, nach Kambodscha abknickt. Der Nordosten des Landes ist wirtschaftlich bis heute notorisch wenig entwickelt, sein Boden karg. Doch das weitgehend flache Flusstal selbst ist fruchtbar. Wer ihm an Bord eines der wenigen Kreuzfahrtschiffe (die wegen der stark variierenden Wasserstände nur saisonal verkehren) oder auf der parallel verlaufenden Straße folgt, nimmt verschlafenen Dörfern und Städtchen die Parade ab. Auf Naturliebhaber warten in diesem relativ entlegenen Gebiet die Nationalparks Phu Rua, Phu Kradung und Phu Hin Rong Kla. Größte Stadt ist, ganz im Südosten gelegen, Ubon Ratchathani.

i GPS: 17° 54' N, 101° 40' O

42 Ping-Fluss

Der Menam Ping zählt mit Wang, Yom und Nan zu den vier wichtigsten Flüssen Nordthailands. Er bildet die Lebensader der regionalen Hauptstadt Chiang Mai und nach seiner Vereinigung mit dem Menam Nan bei Nakhon Sawan den die Zentralebene bewässernden Chao Phraya, den größten Fluss des Landes. In den Dörfern entlang seinem fast 600 Kilometer langen Lauf lässt sich gut das traditionelle Landleben kennenlernen. Zugleich stößt man hier auch auf eine Reihe kunstgeschichtlicher Attraktionen. In dem geschäftigen Städtchen Chon Thong zum Beispiel erhebt sich der Wat Phra That Si Chom Thon mit seinem birmanisch geprägten, über 500 Jahre alten Chedi – ein bis heute viel frequentiertes Pilgerziel. In der Ortschaft Mae Chaem, einst für seine Webprodukte weithin gerühmt, lohnt der mit prächtigen Wandbildern ausstaffierte Tempel Wat Pa Daet einen Besuch. Und an den Ufern des in den 1960er-Jahren durch den gewaltigen Bhumibol-Staudamm geschaffenen Mae-Ping-Stausees kann man noch etliche Chedis des alten, damals an einen höheren Standort transferierten Städtchens Hot besichtigen (die im Zuge dessen aus dem Boden geborgenen Artefakte befinden sich im Nationalmuseum von Chiang Mai).

GPS: 17° 14' 30" N, 98° 58' 22" O

43 Wat Rong Khun

Der kunstvoll verzierte Wat Rong Khun, weithin auch unter der Bezeichnung „Weißer Tempel“ bekannt, erhebt sich zwölf Kilometer südlich von Chiang Rai nahe der Schnellstraße 1 zwischen den Orten Bua Sali und Pa O Don Chai. Der Komplex erregte anfangs allein wegen seines strahlend weißen Äußeren Aufsehen, symbolisiert diese Farbe in Thailand doch seit alters Trauer. Einigermaßen versöhnt werden Traditionalisten erst im Inneren des Bot, der Versammlungshalle der Mönche: Denn deren Wandmalereien sind in den dafür üblichen Goldtönen gehalten. Umso unkonventioneller ist dafür die Formensprache: Eine kühn geschwungene Brücke steht für den Übergang aus der samsarischen Welt der Wiedergeburt in die leidenslose Sphäre des buddhistischen Nirwana. Am Eingang erwartet den Ankömmling ein großer, mit Fangzähnen bestückter Kreis – symbolisch für das Maul des Mara, des personifizierten Prinzips von Unheil, sprich: all die Fährnisse des irdischen Lebens. Und das Dach zieren vier Figuren – Elefant, Löwe, Schwan und eine Naga, ein mythologisches Schlangenwesen. Sie repräsentieren die vier Elemente Erde, Feuer, Wind und Wasser.

Die Pläne für den gesamten Komplex entwarf der thailändische Allround-Künstler Chalermchai Kositpipat. Er arbeitet mit seinem Team seit 1998 auch eigenhändig vor Ort an ihrer Verwirklichung. Der Maler, Bildhauer und Architekt wurde 1955 in der Provinz Chiang Rai geboren und studierte an der Silpakorn-Universität in Bangkok. Seine Gemälde, Skulpturen und Bauwerke sind ein Mix aus traditioneller thailändischer Kunst und modernem Design.

GPS: 19° 49’ 27” N, 99° 45’ 48” O
www.watrongkhun.org

DER SÜDEN

Thailänder vergleichen die Umrisse ihrer Heimat gerne mit einem Elefantenkopf. Bei diesem Bild entsprechen das zentrale Schwemmlandbecken des Menam Chao Phraya der Stirn und der Ballungsraum Bangkoks dem Maul. Das Khorat-Plateau im Osten bildet gewissermaßen das riesige, flache Ohr. Während jene schmale Halbinsel, die sich im Westen entlang der Grenze zu Myanmar tief hinunter bis nach Malaysia erstreckt und die Andamanensee vom Südchinesischen Meer und damit letztlich den Pazifik vom Indischen Ozean trennt, den Rüssel markiert.

Jene südlichen Gebiete, sprich, die Gestade rund um den Golf von Thailand und die Malaiische Halbinsel im Schatten des Tenasserim- beziehungsweise Titiwangsa-Gebirges, eröffnen Reisenden eine ganz besondere Erlebniswelt. Hier finden sonnenhungrige Nordländer exakt das, was sie sich unter tropischen Gefilden erträumen – hellsandige Strände, gesäumt auf der einen Seite von türkisfarbenem Meer, auf der anderen von in der lauen Brise raschelnden Kokospalmhainen, eine Bucht weiter ein malerisches Fischerdorf, dann wieder Mangroven und Felswände, von dichtem Dschungel überwachsen ... Wobei hie und da Urlauberhochburgen und auch Industrieanlagen laute, weniger idyllische Kontraste setzen.

ANMUTIGE LANDSCHAFTEN

Die östliche Golfküste zum Beispiel zwischen Bangkok und der kambodschanischen Grenze: Hier liegen, wie Perlen an einer Kette, feine Badeorte aneinandergereiht, alle-

Thailands insgesamt über 2600 Kilometer lange Küste gilt als tropisches Ferienparadies par excellence und ist entsprechend gut erschlossen: Die „Schildkröteninsel" Ko Tao ist das kleinste, aber wohl schönste Eiland im Archipel um Ko Samui. Nicht minder idyllisch (v.l.n.r.): die Doppelinsel Ko Phi Phi sowie die Strände von Ko Chang und Ko Ngai.

samt bestens erschlossen, gepflegt und mit allen nur erdenklichen Freizeitaktivitäten im Angebot. Im Hinterland und auf den vorgelagerten Inseln finden Naturliebhaber – in den Nationalparks von Khao Chamao, Khitchakut oder Ko Samet zum Beispiel – in Form von geheimnisvollen Höhlen, Wasserfällen, einsamen Pfaden ihr Paradies. Doch dazwischen existieren grelle Ferienagglomerationen wie das berühmt-berüchtigte Pattaya oder Hafenstädte wie Chanthaburi, weltbekannt als Zentrum der Edelsteinverarbeitung, aber auch Fabrikkomplexe und Ölraffinerien.

Nicht minder attraktiv ist die gegenüberliegende, etwa 600 Kilometer lange Golfküste zwischen Bangkok und Surat Thani. Die badetouristischen Hauptanziehungspunkte sind hier die Inseln Ko Samui, Ko Tao, Ko Pha Ngan und der Ang-Thong-Archipel, und am Festland Cha-am und Prachnap Khiri Khan. Von speziellem kulturgeschichtlichem Interesse ist der im Kern über 1000 Jahre alte Überseehafen Phetchaburi und Hua Hin, seines Zeichens ältestes und zugleich nobelstes Seebad Thailands.

Besonders anmutig, weil in unzählige Buchten, Flusstäler, Sümpfe, Mangroven, bergige Halbinseln und Tausende vorgelagerte Eilande und Karstkegel zergliedert, präsentiert sich die Andamanenküste. Ihre stärksten Touristenmagnete sind Krabi, die Inseln Ko Phi Phi, Phuket, gleich angrenzend die Bucht Phang Nga und die Gestade von Khao Lak. Die Schäden, zumindest die materiellen, die hier zu Weihnachten 2004 der katastrophale Tsunami verursachte, sind so gut wie alle behoben.

44 Pattaya

Vor einem halben Jahrhundert noch war es ein verträumtes Fischerdorf in einer schönen Bucht mit glasklarem Wasser und Aussicht auf malerische Inseln. Dann wurde das Idyll von erholungsbedürftigen Vietnam-Kriegern „entdeckt". Hotels, Bars und Diskos schossen wie Pilze aus dem Boden. Pattaya mutierte zum Bade- und Sextouristenort par excellence. Die ausufernde Expansion setzt sich bis heute ungebremst fort, die Infrastrukturprobleme, etwa mit Ver- und Entsorgung des Wassers, bekam man jedoch halbwegs in den Griff. Und das Nachtleben pulsiert weiterhin auf Hochtouren.

Hauptattraktionen dieser Boomtown sind tagsüber die drei stadtnahen Buchten – im Süden der familienfreundliche Jomtien Beach mit seinem Mega-Angebot für (Wasser-) Sportler; im Norden der deutlich ruhigere Strand des Vorortes Naklua und als Epizentrum des lärmigen Dolce Vita: Pattaya Beach. Von Letzterem verlagert sich nach Sonnenuntergang das turbulente Treiben auf die angrenzende „Pattaya Walking Street" entlang der, in buntes Neonreklamelicht getaucht, ein schier endloses Spalier aus Open-Air-Bierbars, Schnellrestaurants und Souvenirläden, aber auch Maßschneidereien und Juweliere um Kundschaft buhlen.

Kulturelle Attraktionen sind in diesem Ambiente rar gesät. Spirituelle Rückzugsorte sind, etwas außerhalb, Wat Yansangwararam und der kolossale Felsbuddha von Khao Chinchan. Die populärsten Freizeitparks heißen „The Million Years Stone Park & Crocodile Farm" und „Wanasin Farm & Floating Market". Animalische Begegnungen warten außerdem im Elephant Village, dem Aquarium, einem Schmetterlingsgarten und Tigerzoo. Glamouröses Kabarett-Entertainment bieten unter anderem „Tiffany's Show" und „Alcazar". Berühmte Baudenkmäler in Miniaturformat kann man im „Mini Siam" besichtigen

GPS: GPS: 12° 56' N, 100° 53' O

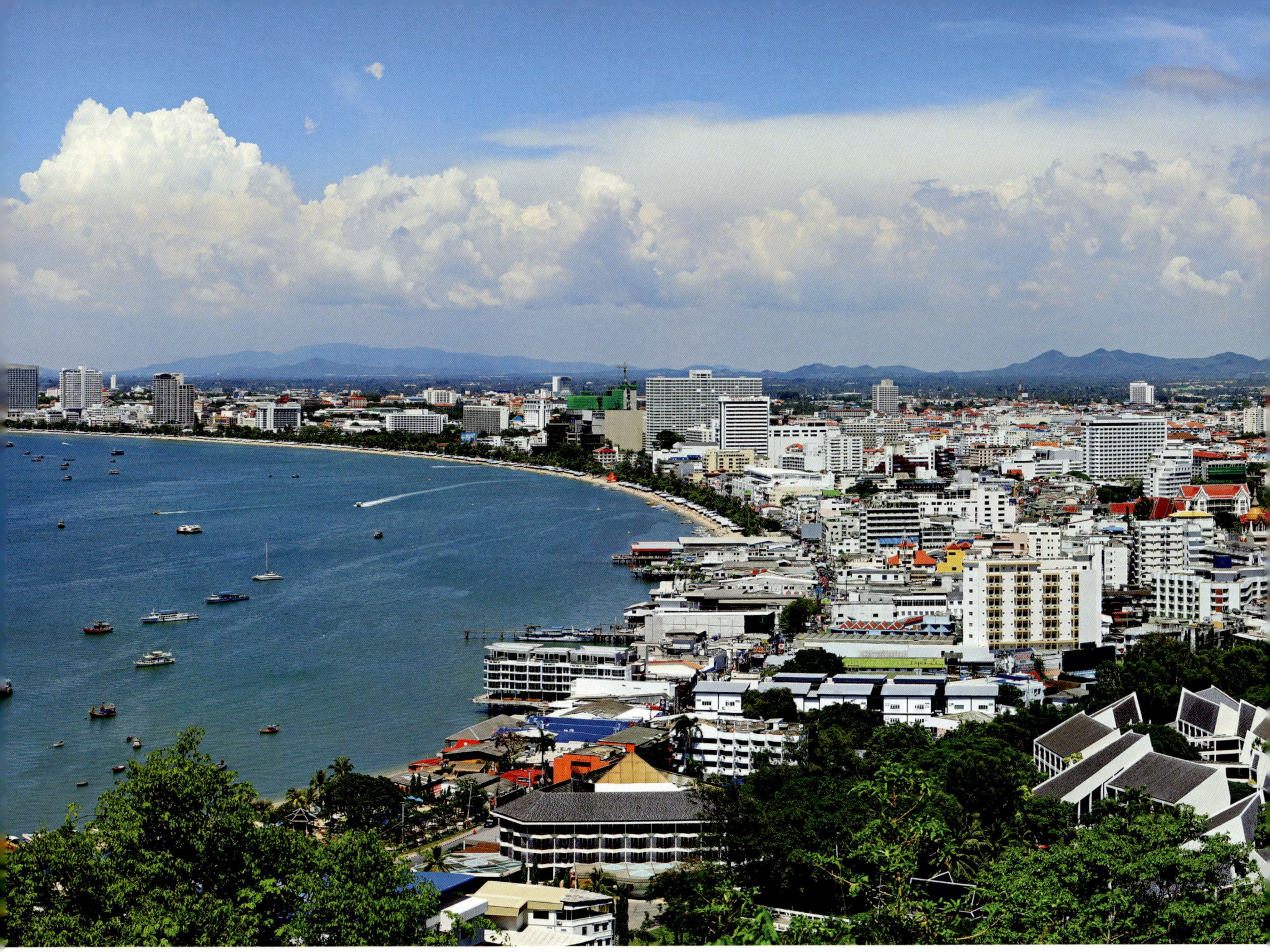

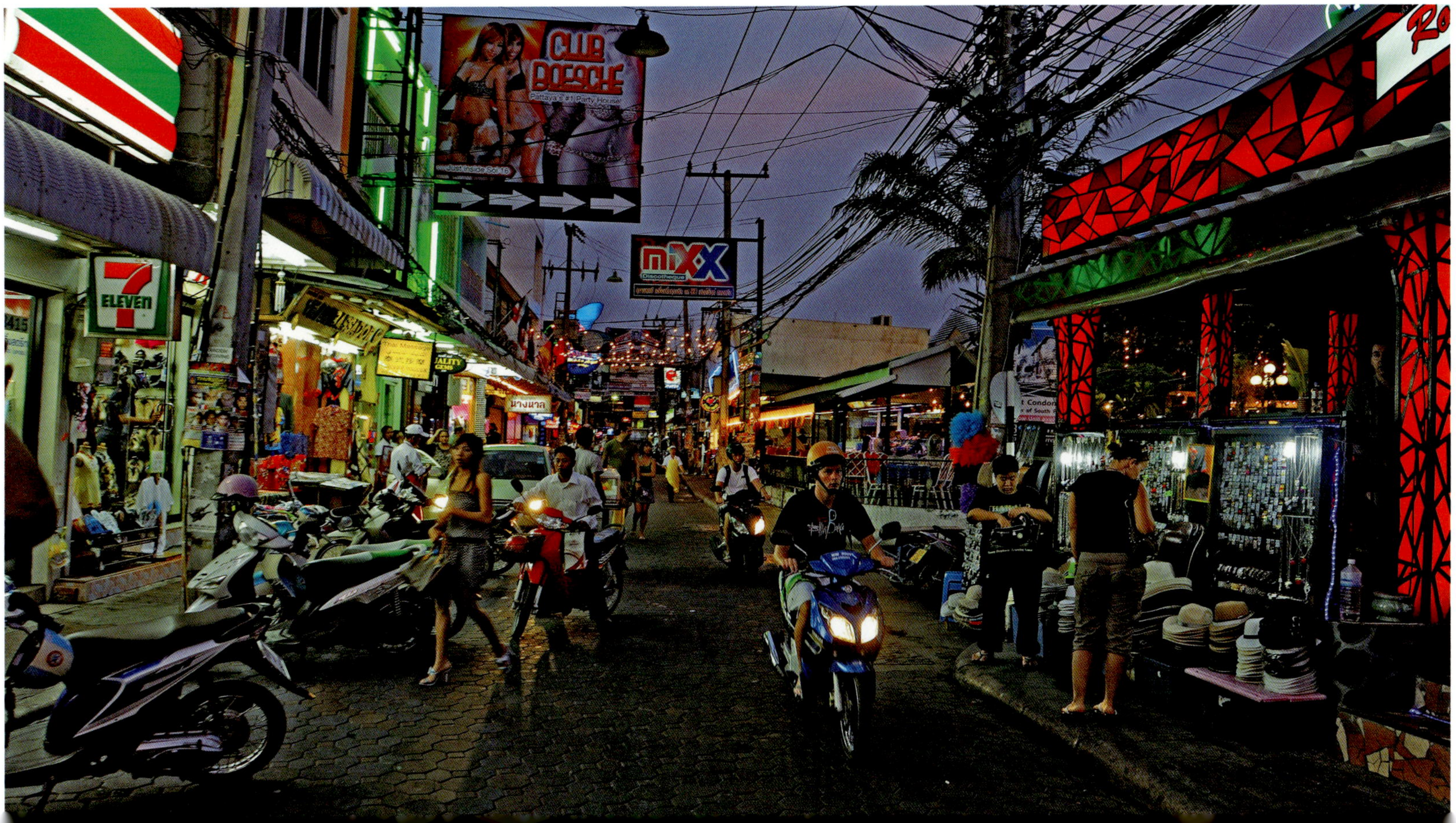

45 Thaiboxen

Thai- oder Kickboxen (Muya Thai) ist Nationalsport Nummer eins. Es hat sich im 14./15. Jahrhundert aus dem Kampf mit Schwert und Speer entwickelt und erlaubt im Gegensatz zum westlichen Boxen auch den Einsatz von Füßen, Knien und Ellbogen. Beißen, Kopfstöße und Attacken auf den Unterleib sind tabu. Die Wettkämpfe werden traditionell von den Klängen eines Piphat-Orchesters begleitet und wecken im Publikum frenetische Leidenschaften. Tickets sind oft lange im Voraus ausverkauft, die involvierten Wettsummen horrend. Wer sich einen Kampf ansehen möchte, wird in der „Pattaya Walking Street“ fündig.

GPS: 12° 55’ 35” N, 100° 52’ 22” O

46 Nachtleben in Pattaya

Go-Go-Bars mit Poledance-Bühnen, schmuddelige Séparées und Transvestiten-Shows: Pattayas Rotlichtviertel genießt, seit GIs hier in den 1960er-Jahren auf Fronturlaub Ablenkung von der nahen Kriegshölle suchten, einen fragwürdigen Ruf. Inzwischen hat man die ärgsten moralischen und sanitären Missstände behoben, die Diskotheken und Nightclubs sind wie eh und je ein starker Touristenmagnet.

GPS: 12° 55’ 35” N, 100° 52’ 22” O

Bangkok
1-10
11
Samut Prakan
Chon B
Si Racha
Pattaya
47
Rayong
Sattahip
53
Hua Hin

Pattaya-Aquarium 47

Eine familienfreundliche Top-Attraktion der Küstenstadt ist die Underwater World. Im Jahr 2003 eröffnet, beherbergt dieses Meerwasser-Aquarium, das mit 3,8 Millionen Litern Fassungsvermögen zu den größten seiner Art in ganz Asien gehört, über 500 in Thailands Gewässern heimische Tierarten. Glanzstück ist der hundert Meter lange Acrylglas-Tunnel, durch den man trockenen Fußes unter anderem mit Haifischen und Rochen sowie der kunterbunten Einwohnerschaft von Korallenriffen auf Tuchfühlung gehen kann.

GPS: 12° 53' 49" N, 100° 53' 48" O
www.underwaterworldpattaya.com

48 Ko Chang

Lange Zeit war diese an der Ostseite des Golfes von Thailand nahe der Grenze zu Kambodscha gelegene „Elefanteninsel" ein unter Individualreisenden eifersüchtig gehüteter Geheimtipp. Inzwischen ist das Angebot an Komforthotels und Wassersport breit und entsprechend hoch die Zahl der Besucher. Vom Festlandhafen Laem Ngop verkehren regelmäßig Autofähren in den Hauptort Klong Son. Eine Küstenstraße erschließt das etwa 25 Kilometer lange Eiland fast lückenlos. Dennoch hat sich dieses Insel-Juwel seine Bilderbuch-Pracht weitgehend bewahrt. Im gebirgigen Inneren gischten immer noch herrliche Wasserfälle – besondere Schmuckstücke: Nam Tok King Rama und Tham Mayom – zu Tal. Und viele Strände sind, weißsandig und von Kokospalmen gesäumt, von geradezu aufreizender Makellosigkeit. Vor allem aber fungiert Ko Chang als Zentrum eines 650 Quadratkilometer großen Meeres-Nationalparks, dessen über 50 Inseln samt vorgelagerten Muschelbänken und dicht bevölkerten Korallenriffen Schnorchler und Taucher vor Begeisterung fast zum Hyperventilieren bringen.

GPS: 12° 3' N, 102° 19' O
www.kohchang.de

51 Khao-Luang-Höhle

Die von eindrucksvollen Bergketten umkränzte Provinzhauptstadt Phetchaburi mit dem verheißungsvollen Namen „Stadt der Diamanten“ ist etwas für leidenschaftliche Tempelbesucher. Wo man einst Edelsteine zu Tage förderte und – ein Chinesenviertel zeugt noch heute davon – emsig Überseehandel betrieb, harren mehr als zwei Dutzend Heiligtümer der Erkundung. Von der Mon- über die Khmer- bis zur Ayutthaya-Architektur finden sich Stilelemente aus vielen Jahrhunderten versammelt. Sehenswert ist, nicht zuletzt wegen der grandiosen Aussicht von der Anhöhe, der Sommerpalast Phra Nakhon Khiri, den sich König Mongkut in den 1850er-Jahren auf dem stadtnahen Hügel Khao Khlang errichten ließ.

Die große Attraktion im Umland Phetchaburis, das übrigens zu den ältesten Städten Thailands gehört, stellt die Khao-Luang-Höhle dar. Sie ist zum einen mit ihren wunderschönen Tropfsteinformationen ein Naturdenkmal allerersten Ranges. Zum anderen dient sie gläubigen Buddhisten mit ihrem Chedi und den Statuen des Erhabenen als Kultstätte und Pilgerziel. Wenn, wie bei wolkenlosem Himmel um die Mittagszeit üblich, durch die natürliche Öffnung in der Decke ein Lichtstrahl ihr düsteres Inneres erhellt, erhält sie eine nahezu mystische Aura.

GPS: 13° 7’ N, 99° 57’ O
www.chaam.de/tham-khao-luang-phetchaburi.php

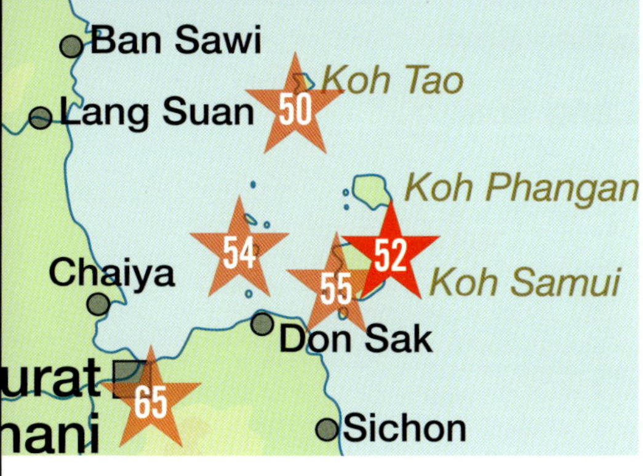

52 Traditioneller Tanz

Wie in anderen Kunsttraditionen Südostasiens, etwa jenen in Kambodscha, auf Java oder Bali, sind auch in Thailand Tanz und Drama eng miteinander verknüpft, wobei Musik gleichfalls eine bedeutende Rolle spielt. Beide Gattungen stammen vom indischen Tempeltanz ab.

Die Hauptform solch klassischer Vorführungen bildet das Khon-Theater, bei dem die Geschichte des Ramakien, der Thai-Version des indischen Ramayana-Epos, erzählt wird. Dessen Darsteller tragen Menschen- und Götterkronen, Affen- und Dämonenmasken, die, mit Gold und Edelsteinen verziert, als heilige Objekte mit übernatürlichen Kräften in hohen Ehren gehalten werden. Tanz und Pantomime, (Chor-)Gesang und die Instrumentalmusik des Piphat-Orchesters werden dabei zu einem opulenten Bühnengesamtkunstwerk vereint, das, weil vorwiegend Gesten die Handlung verdeutlichen, auch auf ein der Thai-Sprache nicht mächtiges Publikum große Faszination ausübt. Mit Marionettentheater kombiniert, kommt Khon häufig, in leicht verdaulichen Häppchen „serviert", in touristischen Dinner-Shows zur Aufführung, etwa auf Ko Samui im „Baan Boran Heritage Thai Cuisine" (links und unten). Mit Khon eng verwandt, aber in seiner dramatischen Form flüssiger und weniger formell ist das Lakorn-Theater, das die buddhistischen Jataka-Geschichten zum Inhalt hat.

GPS: 9° 32' N, 100° 04' O
www.karobathai.ch/Taenze.html

53 H

de
sa
sc
st
pl
Ba
Or
ur
st
Be
de
Fis

55 Ko Samui

Die hinter Phuket und Ko Chang drittgrößte Insel des Landes war, wie so viele thailändische Bilderbuchlandschaften, noch Anfang der Achtzigerjahre ein Geheimtipp und Refugium für Rucksackreisende. Heute präsentiert auch sie sich als Touristenmagnet. Ko Samui, das zu dem insgesamt etwa 40 Inseln umfassenden Ang-Thong-Archipel gehört, ist durch Direktflüge und Jumbo-Fähren mit dem 700 Kilometer nördlich gelegenen Bangkok verbunden. Zwischen dem Hauptort Ban Nathon und dem nächsten Festlandhafen, Surat Thani, verkehren Fährschiffe gleichsam im Akkord. Während freilich in jüngsten Jahren die Zahl preiswerter Unterkünfte merklich rückläufig ist, wächst die Zahl von Luxusherbergen rapide. Businessleute aus Singapur, Hongkong und Taiwan bauen sich reihenweise Ferienpaläste. Die Zersiedelung ist zwar unübersehbar, doch selbst die populärsten Strände wie Chaweng, Lamai oder Mae Nam sind, im Vergleich zu manch Betonorgien anderswo, naturnahe Idyllen. Und wer, was sehr beliebt ist, mit dem Miet-Motorrad auf der Ringstraße die Insel umrundet, stößt noch auf etliche malerische Fischerdörfer. Nicht nötig zu erwähnen, dass sich die gastronomische Infrastruktur als ebenso dicht erweist, wie das Angebot für alle nur erdenklichen Arten von Wassersport.

GPS: 9° 30' N, 100° 0' O
www.samui.de

Der längste, wohl auch schönste und deshalb populärste Strand auf Ko Samui heißt Chaweng. Er schmiegt sich, weißsandig, von Restaurants und – mehrheitlich noch eher schlichten – Hotel- und Bungalowanlagen gesäumt, fünf Kilometer weit die Ostküste entlang.

HAPPY HOUR
ANY COCKTAIL
90

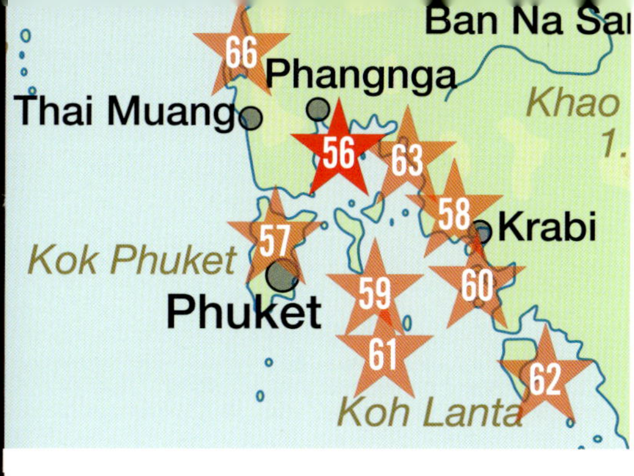

James-Bond-Insel 56

James Bond was here! Die Dominanz angelsächsischer Filmproduktionen bringt es mit sich, dass manche Drehorte massentauglicher Erfolgsstreifen unweigerlich in den Rang touristischer „Must sees" aufsteigen. Im Falle der Phang-Nga-Bucht, genauer: der Insel Khao Phing Kan und mehr noch der Felsnadel Khao Tapu, die dort, nach unten hin sich verjüngend, aus dem türkisfarbenen Wasser emporragt, reichte eine kurze Verfolgungsjagd Roger Moores als Agent 007 per Schnellboot in „Der Mann mit dem goldenen Colt" (1974) zu weltweitem Ruhm. Seither treten einander auf dem schmalen Sandstrand vis-à-vis dieser spektakulären Kulisse fliegende Händler und Pauschaltouristen fast auf die Zehen und klicken die Kameraverschlüsse gleichsam in Permanenz.

Die „James-Bond-Insel" ist allerdings nur eine von etlichen Attraktionen, mit denen die nordöstlich von Phuket gelegene und 1981 zum Nationalpark erklärte Bucht von Phang Nga aufwartet. Besteigt man am Anleger am Klong Khao Thalu ein Ausflugsboot, raubt einem die fantastische Szenerie bald fast den Atem: ein Spalier aus fahlen Kalkbergen säumt die Route durch das Flussdelta, teilweise mehrere hundert Meter senkrecht aus dem Meer ragend, von Gestrüpp überwuchert, von Felstunneln und Tropfsteinhöhlen durchlöchert, dazwischen Mangroven, Inselchen mit schneeweißen Sandstränden, hie und da eine Pfahlsiedlung ... Zu den Fixstationen jeder Rundfahrt zählen die Höhle Khao Khien mit ihren rätselhaften Felsmalereien und das von Muslimen bewohnte Fischerdorf Panyi. Auf dem nahen Festland nicht versäumen sollte man den Besuch des Höhlentempels Wat Tham alias Suwan Kuha mit seinem riesigen liegenden Buddha.

GPS: 8° 16' 31" N, 98° 30' 2" O

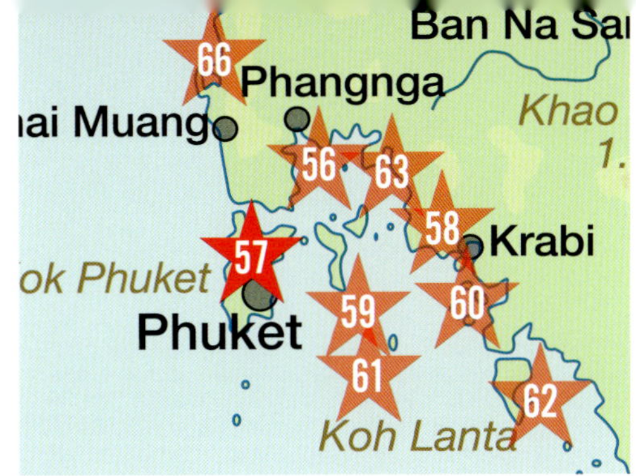

57 Phuket

„Paradieseiland“, „Perle des Südens“, „Trauminsel in der Andamanensee“ … Die Kataloge der Reiseveranstalter überbieten sich in schwelgerischen Superlativen, wenn sie für Thailands mit 552 Quadratkilometern größte Insel die Werbetrommel rühren. Und der Erfolg gibt ihnen Recht. Phuket, das dank Kautschuk- und Ananasplantagen, Zinngruben und Kokospalmhainen seit alters den höchsten Wohlstand aller Provinzen im Land genießt, zählt heute zu den absoluten Top-Ferienzielen Südostasiens. Vorbei sind die Zeiten, da sich auf den sichelförmigen Sandstränden zwischen Granitklippen vereinzelt Rucksacktouristen in der Sonne räkelten. Längst ist die Westküste – ihr Gegenstück im Osten ist „dank“ Mangroven und schlickrigen Watts touristisch wenig attraktiv – vom Laem Promthep, dem „Kap der göttlichen Engel“, über Kata, Karon und Patong Beach bis hinauf zur Sarasin-Brücke, der Verbindung zum Festland, mit Hotelsilos und Vergnügungsstätten übersät. Die Statistik verzeichnet jährlich rund sechs Millionen Gäste. Die Hälfte kommt über den örtlichen Airport, der als „Drehkreuz des Südens“ gilt. Leider oft außer Acht gelassen wird die Stadt Phuket, die dank einer Vielzahl von Villen im sino-portugiesischen Kolonialstil und Ladenarkaden einen wohltuend unzeitgemäßen Charme verströmt.

GPS: 8° 0' N, 98° 21' O

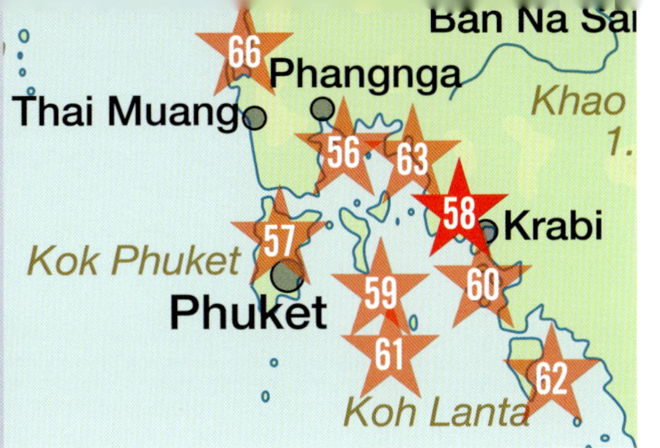

58 Krabi

Die der Ferieninsel Phuket gegenüber, auf einer Landzunge an der Mündung des gleichnamigen Flusses gelegene Hafenstadt war bis knapp vor der Jahrtausendwende noch beinahe ein weißer Fleck auf Thailands touristischer Landkarte. Dann eröffnete der örtliche Flughafen, und aus war es mit der Unberührtheit. Was nicht heißen soll, dass Krabi – der Name rührt von einem einst nahebei gefundenen „Schwert" – nicht nach wie vor eine tolle Feriendestination abgibt. Zwar ist das Inselinnere statt von Regenwald mehrheitlich mit Kautschukplantagen bedeckt. Doch die weißen Sandstrände der Umgebung, allen voran Hat Noparat Thara, sind immer noch herrlich. Rund zwanzig Autominuten südlich der Stadt liegt der „Muschelfriedhof" von Susan Hoi, eine riesige, allerdings nur bei Ebbe sichtbare, Kalkschalenbank, gebildet aus 75 Millionen Jahre alten, versteinerten Süßwasserschnecken. Östlich des Hauptorts, der ebenfalls Krabi heißt, erstrecken sich ausgedehnte Mangrovenwälder, zu deren Erkundung man im Fischereihafen des Städtchens Langboote anmieten kann. Ebendort legen auch Fähren zu den Badeinseln der Umgebung, namentlich nach Ko Lanta und Ko Phi Phi sowie zu den Stränden von Ao Nang, ab.

GPS: 8° 3' N, 98° 55' O

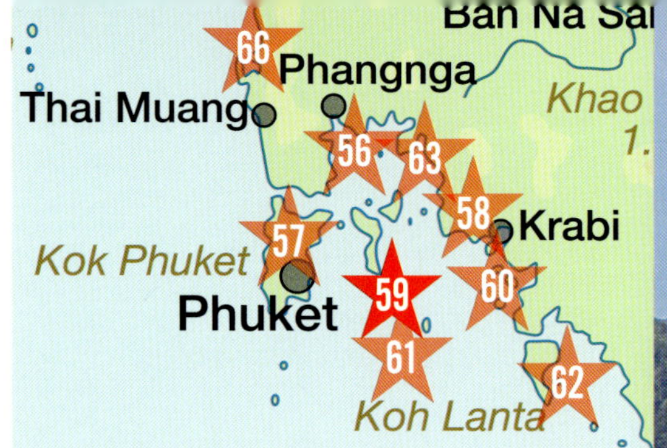

59 Ko Phi Phi

Dieses Tropenidyll erstreckt sich 40 Kilometer südlich von Krabi und besteht aus zwei Inseln. Diese bilden gemeinsam mit einer Reihe winziger Eilande den Maritimen Nationalpark Hat Noppharat Thara, der als Heimat zahlreicher bedrohter Vogelarten große ökologische Bedeutung hat. Ko Phi Phi Don, die größere, ist die einzige ständig bewohnte Insel des Archipels und wird aus zwei Hälften gebildet, die eine schmale Landzunge verbindet (rechts). Der Affenstrand ist ein Besuchermagnet (unten). Auf Phi Phi Don liegt das Fischerdorf Ban Ton Sai, das, wie die gesamte Inselgruppe, von dem Tsunami zu Weihnachten 2004 arg verwüstet wurde.

Phi Phi Leh ist kleiner, unberührter und berühmt für die Schwalbennester, die hier, von Bewaffneten Tag und Nacht bewacht, zu Abertausenden in Höhlen und Grotten hängen. Spezialisten ernten sie mithilfe wackeliger Bambusgerüste, um sie zu horrenden Preisen als Suppeneinlagen an chinesische Gourmets zu verkaufen. Apropos schwindelerregend: Die über 300 Meter hohen Kalkklippen von Ko Phi Phi locken Extremkletterer aus aller Welt an, die sich hier bei Schwierigkeitsgraden von bis zu „8b" in Kraft und Kühnheit messen. Superlative warten auch unter Wasser: Die örtlichen Korallenbänke zählen zu den fantastischsten Schnorchel- und Tauchrevieren ganz Thailands.

GPS: 7° 44' N, 98° 46' O
www.thailands-inseln.de/phiphi/phiphi.html

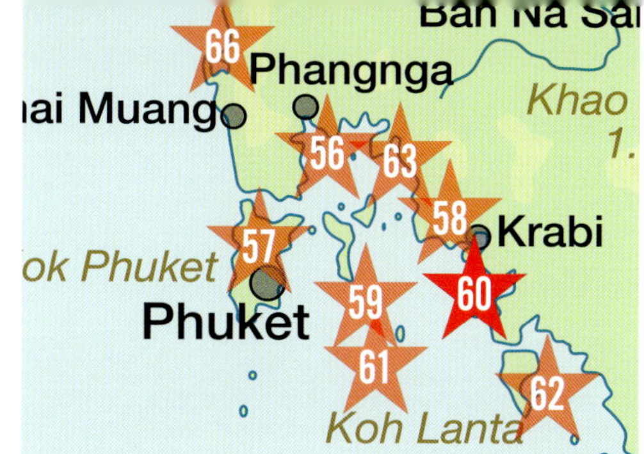

60 Phra Nang

Sand wie weißer Puderzucker, kristallklares Wasser und eine Kulisse von Kalksteinklippen wie aus dem James-Bond-Film: Der Strand von Phra Nang unweit von Ao Nang, knapp 20 Kilometer westlich des thailändischen Provinzstädtchens Krabi gelegen, weist alle Ingredienzien für ein perfektes Badeurlaubsidyll auf. Man gönnt sich eine Massage, beobachtet die Kletterer bei ihrem schwindelerregenden Tun an der Felswand oder springt selbst von einem Felsvorsprung ins kühlende Meer. Zwischendurch holt man sich von einer der kleinen, mobilen Garküchen ein gegrilltes Hühnchen samt Salat. Wohltuenderweise ist dieser von der Natur gesegnete Küstenstreifen bislang von all jenen Phänomenen verschont, die anderswo das Strandvergnügen schmälern: Es gibt weder TukTuks und Mopeds noch Jet-Skis ergo weder Abgase noch Lärm, keine fliegenden Händler, dröhnenden Radios oder Bierleichen. Kein Wunder, dass Kenner Phra Nang als einen der herrlichsten Strände Thailands, wenn nicht gar ganz Südostasiens preisen. Und als wär's nicht genug, besitzt er mit der Höhle Tham Phra Nang noch dazu ein spektakuläres Naturdenkmal, das örtliche Fischer als Kultstätte und Pilgerziel – eine sagenhafte Prinzessin soll vor 2500 Jahren hier ertrunken sein – verehren.

GPS: 8° 01' 51" N, 98° 49' 20" O
www.aonang.com/aonang_activities/PhraNangBeach.shtml

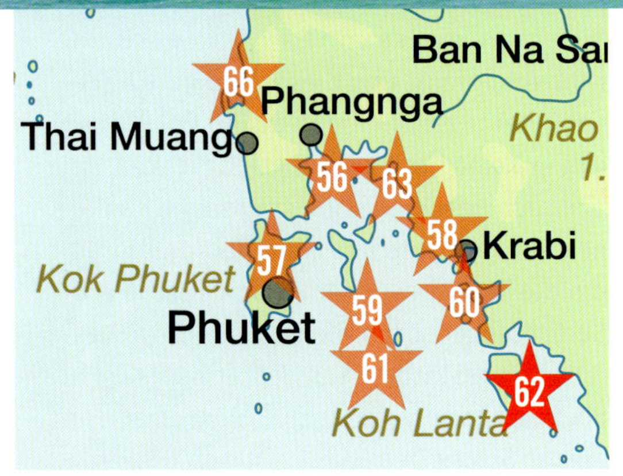

62 Ko Ngai

Tief im Süden, gar nicht mehr weit von der malaysischen Grenze, liegt, ein Stückchen landeinwärts, die uralte, als Umschlagplatz vor allem für Kautschuk und Palmöl bekannte Handelsstadt Trang. Etwa 50 Kilometer Luftlinie entfernt, befinden sich, wie von Riesenhand ins Meer gewürfelt, der Küste vorgelagert an die vier Dutzend Inselchen, bekannt als „Trang's Andaman Islands". Ihre durchwegs traumhaften Sandstrände, die nicht minder atemberaubenden Korallenriffe, die reiche Tierwelt über und unter Wasser gelten noch als Geheimtipps für Connaisseure. Ihre Erschließung für betuchte Touristen dürfte, so steht zu befürchten, nur noch eine Frage der Zeit sein. Über die größte Auswahl an Übernachtungsmöglichkeiten verfügt das Eiland Ko Ngai, auf dem die Fotos für diese Doppelseite entstanden. Seine Strände, vor allem jene an der Ostküste, sind phänomenal. Gleiches gilt für die Schnorchel- und Tauchreviere. Erreichen lässt sich dieses kleine Paradies ausschließlich per Langboot, und zwar am leichtesten von dem Festland-Dorf Pak Meng aus.

GPS: 7° 25' N, 99° 12' O
www.thailandsinseln.de/ngai/ngai.html

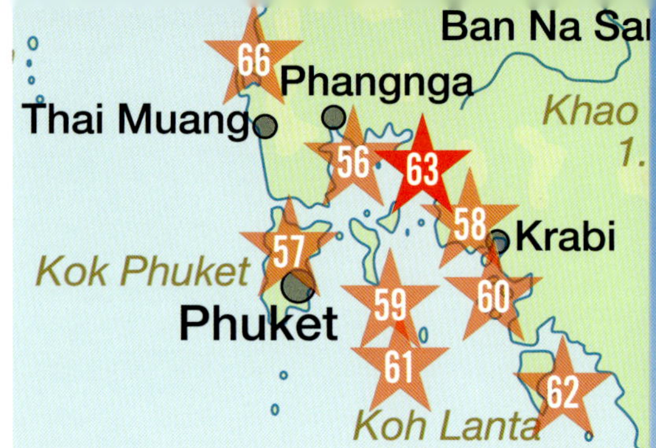

63 Wat Tham Sua

Wenige Kilometer nördlich von Krabi markiert der Tigerhöhlen-Tempel ein viel besuchtes Pilgerziel. Sein Name, der auf Thailändisch Wat Tham Sua lautet, bezieht sich auf die Felsformation, in der man mit gutem Willen die Pranke eine Tigers erkennen kann. Eine andere Theorie besagt, ein Theravada-Mönch, der sich Mitte der 1970er-Jahre hierher zur Meditation zurückgezogen hatte, habe einen Tiger um die Höhle schleichen gehört, den Platz zum Pilgerziel erkoren und nach der edlen Raubkatze benannt. Ein am Gipfel der Felskuppe ersichtlicher angeblicher Fußabdruck des Erhabenen Siddharta Gautama Shakyamuni soll die spirituelle Bedeutung des Platzes noch erhöhen. Wie auch immer: Der vom Tal aus über eine schweißtreibend lange Treppe erreichbare Ort zählt jedenfalls, obwohl erst wenige Jahrzehnte alt, bereits zu den höchstverehrten Heiligtümern ganz Südthailands. Sein zusätzlicher, zugegeben profaner Reiz liegt in der grandiosen Fernsicht, die man von dort oben, zu Füßen der unter freiem Himmel auf einer Felsklippe thronenden, goldenen Buddha-Figur stehend, genießt, und die über die Stadt Krabi weithin bis zum Meer und zu den vorgelagerten Inseln reicht.

Was den Ausflug darüber hinaus lohnt, ist die wunderbare Vegetation, in die Wat Tham Sua eingebettet liegt. Ein eigens angelegter Rundweg lädt zum Spaziergang durch das dicht und sehr urwüchsig bewaldete Kiriwong-Tal. Auf ihm unterwegs stößt man immer wieder auf Kuti, jene einfachen Hütten, in denen Mönche und Nonnen leben und in kontemplativer Einsamkeit die Lehre des Buddha praktizieren.

GPS: 8° 7' 26" N, 98° 55' 30" O
www.geoventure.de/blog/?p=215

64 Ratchaprapha-Damm

„Guilin von Thailand" – der Vergleich mit der weltberühmten Karstlandschaft im Süden Chinas kommt nicht von ungefähr: Die über 100 steilen Kalkinseln, die zur Freude vieler Bootsausflügler aus den Fluten des Chio-Lan-Stausees ragen, ähneln in der Tat jenen bizarren, ikonenhaften Formationen im Reich der Mitte. Dabei ist diese fotogene Kombination aus Wasser und Fels sehr jung, entstanden erst 1982 infolge des Baues des mächtigen Ratchaprapha-Staudamms, und außerdem nur eine von etlichen Attraktionen. Denn der westlich der Stadt Surat Thani gelegene Khao-Sok-Nationalpark, zu dem die Landschaft gehört, bietet weit mehr – eine fantastische, 740 Quadratkilometer große Waldwildnis nämlich, in der man wandern, Kanu fahren, Pflanzen bestaunen und, mit etwas Glück, seltenen Tieren begegnen sowie grandiose Höhlen wie die Nam Thalu Cave (Bild ganz unten) erkunden kann.

GPS: 8° 58' 15" N, 98° 48' 21" O

65 Klongs von Surat Thani

Nein, die Provinzhauptstadt Surat Thani als touristische Pflichtstation zu preisen, wäre übertrieben. Gewiss, als Verkehrsknoten und Fährhafen, von dem aus man nach Ko Samui und auf die anderen etwa 60 der Küste vorgelagerten Inseln übersetzt, ist sie unverzichtbar. Und ihre historische Bedeutung als Handelsplatz, insbesondere für den Umschlag von Kautschuk und Kokosnüssen nach Malaysia, ist unbestritten. Immerhin zeugt das bunte Treiben auf ihren Märkten bis heute von großer Geschäftigkeit.

Die eigentliche Attraktion wartet allerdings im Hinterland. Denn hier, entlang dem Menam Ta Pi (der in Surat Thani ins Meer mündet), harrt eine der schönsten Flusslandschaften Thailands der Entdeckung. Auf einer Tour durch Klong Roi Sai, die „Tausend Kanäle", an Bord eines „Longtail-Boat" blickt man hinter die Kulissen des Alltagslebens von Fischern und Bauern. Man begegnet Mönchen, die vom Wasser aus Almosen sammeln, besichtigt das historische Haus von Khunprajun und erweist Luang Por Kao Sok, einer aus getrocknetem Reis gefertigten Buddha-Statue, die Reverenz. Vor allem aber ergötzt man sich an der herrlichen, in tropischen Regenwald gebetteten, amphibischen Natur.

GPS: 9° 8' N, 99° 19' O

66 Khao Lak

Sonnenuntergang über der Andamanensee am Strand von Khao Lak. Der Name bezieht sich eigentlich auf die ganze Küstenregion, die sich, etwa achtzig Kilometer nördlich von Phuket, bis hinauf in die Gegend des 20 000 Seelen-Ortes Takua Pa erstreckt. Ihr Kennzeichen sind lange, immer wieder von ins Meer ragenden Felszungen gegliederte Sand- und Kieselstrände, gesäumt von kleinen Siedlungen, Bungalows, Läden, Garküchen, Restaurants – eine idealtypische Ferienszenerie. Kaum minder attraktiv ist das hügelige Hinterland, das, weil hier noch Reste tropischen Regenwalds bestehen, als Nationalpark gewidmet wurde.

Die Bilderbuchidylle darf freilich nicht vergessen lassen, dass am 26. Dezember 2004 über diesen Küstenabschnitt eine beispiellose Katastrophe hereinbrach. Denn so komplett wie kaum sonstwo in Thailand zerstörte der berüchtigte Tsunami damals mit einer bis zu dreißig Meter hohen Monsterwelle hier die Infrastruktur und forderte Aberhunderte Menschenleben. Die Opfer sind unvergessen, doch die Siedlungen und Hotelanlagen wurden inzwischen nach zeitgemäßen Standards wieder aufgebaut. Und der Tourismus ist zum Segen der Einheimischen erneut aufgeblüht.

GPS: 8° 40' N, 98° 15' O

Register

Mae Sai
Fang
Chiang Rai
Salween
Mekong
Loi Lan
2.163 m
Thoeng
Chiang Kham
Chiang Dao
Wiang Pa Pao
LAOS
VIETNAM
Mae Hong Son
Phayao
Tha Wang Pha
MYANMAR
Chiang Mai
Ngao
Nan
Wiang Sa
Tane Gebirge
Lamphun
Rong Kwang
Hot
Lampang
Mae Sariang
Ko Kha
Den Chai
Vientiane
Mae Ping-See
Yom
Nong Khai
Kham Ta Kla
Thoen
Uttaradit
Nam Pat
Loei
Nakhon Phanom
Sawankhalok
Dan Sai
Udon Thani
Sakon Nakhon
Nakhon Thai
Nong Bua Lamphu
Sukhothai
Wang Sam Mo
Phu Miang
1.819 m
Korat-Plateau
Yangon
Tak
Phitsanulok
Lom Sak
Mae Sot
Chum Phae
Mukdahan
Maulamyaing
Kamphaeng Phet
Phichit
Phetchabun
Khon Kaen
Kalasin
Taphan Hin
Kaeng Khlo
Ping
Ban Phai
Khemmarat
Chum Saeng
Bung Sam Phan
Yasothon
Amnat Charoen
Nakhon Sawan
Chatturat
Prathai
Phayakhapun Phiasi
Chi
Nong Chang
Uthai Thani
Tak Fa
THAILAND
Ubon Ratchathani
Tha Tum
Sisaket
1.980 m
Sankha Buri
Tha Luang
Nakhon Ratchasima (Korat)
Buriram
Sing Buri
Thong Pha Phum
Lop Buri
Surin
Sirat Tana
Det Udom
Ang Thong
Sara Buri
Phanom-Dang-Raek
Suphan Buri
Nam Tok
Ayutthaya
Nong Khae
1.351 m
Kanchana Buri
Pathum Thani
Prachin Buri
Bangkok
Sa Kaeo
Nakhon Pathom
Aranyaprathet
Chachoengsao
Ratcha Buri
Samut Prakan
Samut Songkhram
Chon Buri
Kao Yai
1.050 m
Si Racha
Phet Buri
Khao Sai
1.633 m
Pong Nam Ron
KAMBODSCHA
Cha Am
Pattaya
Sattahip
Rayong
Klaeng
Chanthaburi
Hua Hin
Koh Samet
Khlung
Pran Buri
Trat
Mekong
Koh Chang
Prachuap Khiri Khan
Koh Mak
Ban Hat Lek
Ban Huai Yang
Koh Kut
Phnom Penh
Golf von Thailand
Bang Saphan
Isthmus von Kra
Ho-Chi-Minh
Chumphon
Ban Sawi
Koh Tao
VIETNAM
Ranong
Lang Suan
Koh Phangan
Kapoe
Chaiya
Koh Samui
Andamanensee
Khuraburi
Don Sak
Koh Ra
Surat Thani
Takua Pa
Sichon
Ban Na San
Koh Similan
Khao Luang
1.835 m
Nakhon Si Thammarat
Thai Muang
Phangnga
Thung Song
Kok Phuket
Krabi
Hua Sai
Phuket
Trang
Phatthalung
Koh Lanta
Kantang
Songkhla
Hat Yai
Pattani
Koh Tarutao
Koh Adang
Satun
Sadao
Yala
Narathiwat
Sungai Kolok
Kota Bharu
Betong
MALAYSIA
1-10
11
13
14
15
16
17
18
19
20
21
22
23
24
25
26
27
28-33
34
35
36
37
38
39
40
41
42
43
44-47
48
49
50
51
52
53
54
55
56
57
58
59
60
61
62
63
64
65
66

Impressum

BUCHGESTALTUNG
SILBERWALD
Agentur für visuelle Kommunikation, Würzburg

KARTE
Fischer Kartografie, Aichach

Printed in Germany
Repro: Artilitho snc, Lavis-Trento, Italien
Druck/Verarbeitung: Offizin Andersen Nexö, Leipzig

ISBN 978-3-8003-4903-6

BILDNACHWEIS
Alle Bilder von Christian Heeb mit Ausnahme von:
S. 26: 10255185_880/iStockphoto.com;
S. 27: pigphoto/iStockphoto.com;
S. 54: Mjanich/wikipedia.org;
S. 57 links: Lerdsuwa/wikipedia.org.

Lebensfreude wird bei den Thais, ihr dichter Festkalender im Jahreslauf bezeugt's, stets großgeschrieben. Besonders ausgelassen geht es, wie hier in Khao Lak, beim Songkran-Fest zu. Bei dem jeweils Mitte April begangenen buddhistischen Neujahr werden Mönche zu Ehren des Lebenselixiers Wasser mit Duftessenzen benetzt, Passanten auf den Straßen jedoch eimerweise mit Wasser übergossen.